해커스 공인중개사

한눈에 보는 공법체계도

 2차 부동산공법

해커스 공인중개사 〈한눈에 보는 공법체계도〉로 공부하면
빠르게 합격할 수 있는 이유!

하나

단 22페이지만으로
공법 체계가 빠짐없이
파악되니까!

공부할 게 늘어만 가는
학습 방법은 이제 그만!
방대한 부동산공법 체계를
22페이지로
압축 정리

둘

한 페이지로
전체 체계를 **한눈에 확**
볼 수 있으니까!

여러 페이지로 쪼개진
공법 체계도를
힘들게 보면서
길을 잃지 마세요

셋

빈칸채우기로
공법 체계도가 확실히
내 것이 되니까!

설명 듣고 돌아서면
잊어버리는 공부는
이제 그만!
쉽게 복습해요

목차

특별제공

공법 암기카드

해커스
공인중개사
공법 암기카드

한눈에 보는 공법체계도 _____ 200% 활용법

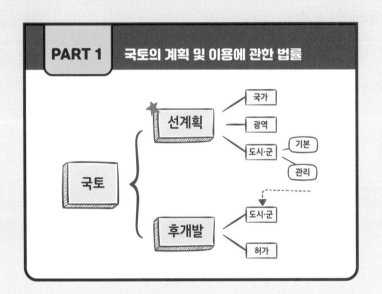

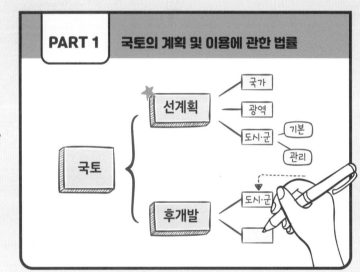

기본서 학습 전
한눈에 보는 공법체계도를
먼저 살펴보세요.

♣ 본격적인 학습 전 미리 뼈대를 파악해 놓으면 더 쉽게
기억돼요.

기본서 학습 후
빈칸채우기 암기노트를 채우며
반복 암기하세요.

♣ 이 때 기본서·요약집 반복 학습을 병행하면 효과가 배가
된답니다.

♣ 공법체계도의 뼈대가 머릿속에 그려질 때까지 반복하면
암기했던 내용들이 뒤죽박죽되지 않고 착착 정리돼요.

공법 암기카드를
들고 다니며
틈틈이 암기하세요.

♣ 암기카드의 QR코드를 찍으면
「공법 미니체계도」도 볼 수 있어요.

한눈에 보는 공법체계도

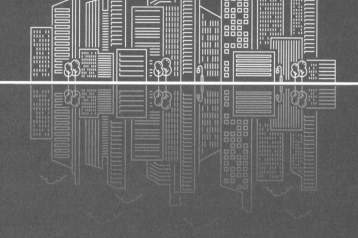

국토의 계획 및 이용에 관한 법률

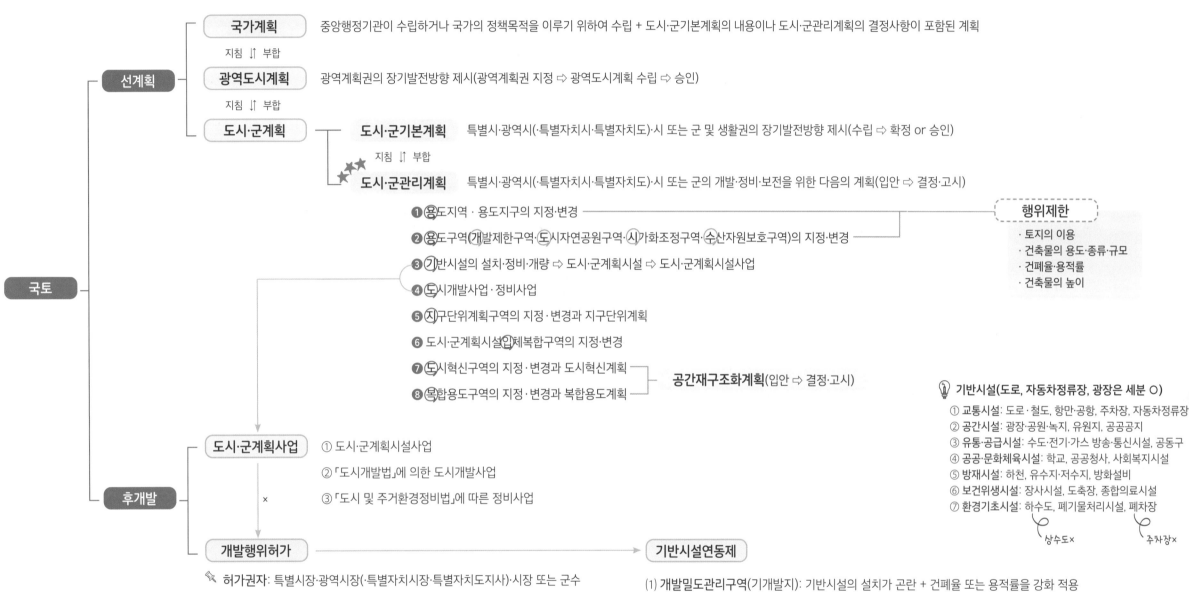

국토

선계획

국가계획 — 중앙행정기관이 수립하거나 국가의 정책목적을 이루기 위하여 수립 + 도시·군기본계획의 내용이나 도시·군관리계획의 결정사항이 포함된 계획

지침 ↕ 부합

광역도시계획 — 광역계획권의 장기발전방향 제시(광역계획권 지정 ⇨ 광역도시계획 수립 ⇨ 승인)

지침 ↕ 부합

도시·군계획

도시·군기본계획 — 특별시·광역시(·특별자치시·특별자치도)·시 또는 군 및 생활권의 장기발전방향 제시(수립 ⇨ 확정 or 승인)

지침 ↕ 부합

★★★ **도시·군관리계획** — 특별시·광역시(·특별자치시·특별자치도)·시 또는 군의 개발·정비·보전을 위한 다음의 계획(입안 ⇨ 결정·고시)

❶ 용도지역 · 용도지구의 지정·변경
❷ 용도구역(개발제한구역·도시자연공원구역·시가화조정구역·수산자원보호구역)의 지정·변경
❸ 기반시설의 설치·정비·개량 ⇨ 도시·군계획시설 ⇨ 도시·군계획시설사업
❹ 도시개발사업·정비사업
❺ 지구단위계획구역의 지정·변경과 지구단위계획
❻ 도시·군계획시설입체복합구역의 지정·변경
❼ 도시혁신구역의 지정·변경과 도시혁신계획
❽ 복합용도구역의 지정·변경과 복합용도계획

공간재구조화계획(입안 ⇨ 결정·고시)

행위제한
· 토지의 이용
· 건축물의 용도·종류·규모
· 건폐율·용적률
· 건축물의 높이

💡 **기반시설(도로, 자동차정류장, 광장은 세분 ○)**
① 교통시설: 도로·철도, 항만·공항, 주차장, 자동차정류장
② 공간시설: 광장·공원·녹지, 유원지, 공공공지
③ 유통·공급시설: 수도·전기·가스 방송·통신시설, 공동구
④ 공공·문화체육시설: 학교, 공공청사, 사회복지시설
⑤ 방재시설: 하천, 유수지·저수지, 방화설비
⑥ 보건위생시설: 장사시설, 도축장, 종합의료시설
⑦ 환경기초시설: 하수도, 폐기물처리시설, 폐차장

↪ 상수도✕   ↪ 주차장✕

후개발

도시·군계획사업
① 도시·군계획시설사업
② 「도시개발법」에 의한 도시개발사업
③ 「도시 및 주거환경정비법」에 따른 정비사업

✕

개발행위허가

✎ 허가권자: 특별시장·광역시장(·특별자치시장·특별자치도지사)·시장 또는 군수
(1) 건축물의 건축
(2) 공작물의 설치
(3) 토지의 형질변경(경작은 제외)
(4) 토석채취(토지형질변경을 목적으로 하는 것은 제외)
(5) 토지분할(건축물이 있는 대지는 제외)
(6) 물건을 1개월 이상 쌓아놓는 행위

기반시설연동제
(1) 개발밀도관리구역(기개발지): 기반시설의 설치가 곤란 + 건폐율 또는 용적률을 강화 적용
(2) 기반시설부담구역(신개발지): 기반시설의 설치가 필요 + 기반시설을 설치하거나 그에 필요한 용지의 확보 의무 부과

성장관리계획
(1) 성장관리계획구역: 녹지, 관리, 농림, 자연환경보전지역 - 난개발의 방지와 체계적인 관리가 필요한 지역
(2) 성장관리계획: 성장관리계획구역의 난개발을 방지하고 계획적인 개발을 유도하기 위하여 수립하는 계획

	광역도시계획	도시·군기본계획
의의	광역계획권의 장기발전방향 제시(정책계획)	특별시·광역시(·특별자치시·특별자치도)·시 또는 군 및 생활권의 장기발전방향 제시(종합·정책계획) → 도시·군관리계획 수립의 지침
수립대상	**광역계획권** (1) **지정대상**: 인접한 둘 이상의 특별시·광역시(·특별자치시·특별자치도)·시 또는 군의 관할 구역의 전부 또는 일부 ★ (2) **지정권자**: 도지사(같은 도), 국토부장관(둘 이상의 시·도) (3) **지정절차**: 의견청취(시·도지사, 시장·군수) → 심의(도시계획위원회, 이하 '도계위') → 지정·통보	특별시·광역시(·특별자치시·특별자치도)·시 또는 군(이하 '특별시·광역시·시 또는 군')의 관할 구역 및 생활권 (1) **생활권계획**: 생활권역별 개발·정비 및 보전 등에 필요한 경우 수립 가능 → 생활권계획이 수립된 경우 도시·군기본계획 수립 간주 (2) **연계수립**: 인접한 관할 구역의 전부 또는 일부를 포함하여 수립 가능 → 사전 협의
수립권자	(1) **시장·군수 공동**: 광역계획권이 같은 도에 속하는 경우 (2) **시·도지사 공동**: 광역계획권이 둘 이상의 시·도에 걸치는 경우 (3) **도지사**: ① 시장·군수가 협의를 거쳐 요청하거나, ② 광역계획권을 지정한 날부터 3년이 지날 때까지 시장·군수로부터 승인 신청이 없는 경우 (4) **국토부장관**: ① 국가계획과 관련되거나, ② 광역계획권을 지정한 날부터 3년이 지날 때까지 시·도지사로부터 승인 신청이 없는 경우	(1) **수립의무**: 특별시장·광역시장(·특별자치시장·특별자치도지사)·시장 또는 군수(이하 '특별시장·광역시장·시장 또는 군수') (2) **예외**: 생략 가능 　① 수도권× + 광역시와 경계× + 인구 10만명 이하인 시 또는 군 　② 관할 구역 전부에 광역도시계획이 수립 + 도시·군기본계획의 내용이 모두 포함되어 있는 시 또는 군
수립절차	 ① 기초조사정보체계 구축 → 5년마다 확인·반영 ② 공청회 개최예정일 14일 전까지 1회 이상 공고 ③ 지방의회, 시장·군수, 협의요청을 받은 행정기관의 장은 30일 이내에 의견제시 ④ 공고·열람은 30일 이상 (*②·③·④는 도시·군기본계획도 동일)	(1) 시 또는 군 도시·군기본계획의 승인 (2) 특별시·광역시(·특별자치시·특별자치도) 도시·군기본계획의 확정 *토지적성평가·재해취약성분석은 5년 이내에 실시한 경우 생략 가능(도시·군관리계획도 동일)
수립기준	(1) 국토부장관이 정함(포괄적·개략적 수립) (2) 국가계획에 부합 → 광역도시계획 또는 도시·군계획이 국가계획의 내용과 다를 때에는 국가계획이 우선	(1) 국토부장관이 정함(포괄적·개략적 수립) (2) 광역도시계획에 부합 → 도시·군기본계획과 광역도시계획의 내용이 다를 때에는 광역도시계획이 우선
타당성 검토	×	5년마다 타당성 검토해서 정비

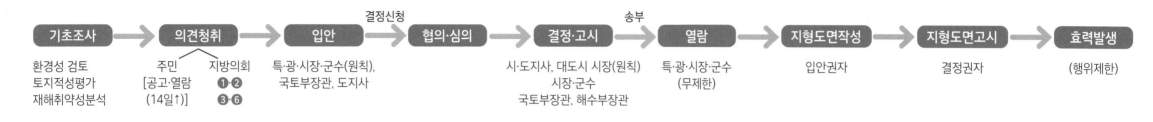

입안	결정·고시

입안

1. **의의**: 특별시·광역시·시 또는 군의 개발·정비 및 보전을 위하여 수립하는 토지이용·교통·환경·경관·안전·산업 등에 관한 다음의 계획(집행계획)
   ❶ 용도지역·용도지구의 지정·변경
   ❷ 용도구역(개발제한구역·도시자연공원구역·시가화조정구역·수산자원보호구역)의 지정·변경
   ❸ 기반시설의 설치·정비·개량
   ❹ 도시개발사업·정비사업
   ❺ 지구단위계획구역의 지정·변경과 지구단위계획
   ❻ 도시·군계획시설입체복합구역의 지정·변경
   ❼ 도시혁신구역의 지정·변경과 도시혁신계획 ─┐ 공간재구조화계획(입안 ⇨ 결정)
   ❽ 복합용도구역의 지정·변경과 복합용도계획 ─┘

2. **입안권자**
   ① 원칙: 특별시장·광역시장·시장 또는 군수(이하 '특·광·시장 또는 군수')
      ✎ 연계입안: 인접한 관할 구역의 전부 또는 일부를 포함하여 입안 가능 → 협의하여 입안자 지정 또는 공동입안 → 협의 불성립시 국토부장관(둘 이상 시·도), 도지사(같은 도)가 입안자 지정
   ② 예외: 국토부장관(국가계획 관련, 둘 이상 시·도), 도지사(둘 이상의 시·군)

3. **주민(이해관계자 포함)의 입안제안 → 입안권자에게 제안 가능**
   (1) **제안 내용**: ① 기반시설의 설치·정비·개량[토지면적(국·공유지는 제외) 4/5 이상], ② 지구단위계획구역의 지정· 변경과 지구단위계획(토지면적 2/3 이상), ③ 용도지구(산업·유통개발진흥지구)의 지정·변경(토지면적 2/3 이상), ④ 도시·군계획시설입체복합구역의 지정·변경과 건축제한·건폐율·용적률·높이(토지면적 4/5 이상)
   (2) **산업·유통개발진흥지구의 제안요건**: ① 면적 1만m² 이상 3만m² 미만, ② 자연녹지지역·생산관리지역 및 계획관리지역(전체 면적의 50% 이상)
   (3) **반영 여부 통보**: 45일 이내. 다만, 부득이한 경우 1회 30일 연장 가능
   (4) **비용부담**: 입안권자는 제안자와 협의하여 입안 및 결정에 필요한 비용의 전부 또는 일부를 제안자에게 부담시킬 수 있다.

결정·고시

1. ⭐⭐⭐ **결정권자**
   (1) **원칙**: 시·도지사(직접 또는 시장·군수의 신청), 대도시 시장
   (2) **시장 또는 군수**: 시장 또는 군수가 입안한 지구단위계획구역과 지구단위계획
   (3) **국토부장관**: ① 직접 입안, ② 개발제한구역, ③ 시가화조정구역(국가계획과 연계)
   (4) **해양수산부장관**: 수산자원보호구역

2. ⭐ **효력발생시기**: 지형도면을 고시한 날부터 발생

3. **기득권 보호**
   (1) 원칙: 도시·군관리계획결정 당시 이미 사업이나 공사에 착수한 자는 관계없이 계속 시행 가능(별도의 인·허가, 신고×)
   (2) 예외: 시가화조정구역 또는 수산자원보호구역의 경우에는 도시·군관리계획결정 당시 이미 사업이나 공사에 착수한 자는 고시일부터 3개월 이내에 신고하고 계속 시행 가능

4. **지형도면의 작성·고시**
   (1) 작성(입안권자) ⇨ 고시(결정권자)
   (2) 시장(대도시 시장은 제외) 또는 군수는 지형도면을 작성(지구단위계획구역과 지구단위계획은 제외)하면 도지사의 승인(30일 이내)

5. **타당성 검토**: 특별시장·광역시장·시장 또는 군수는 5년마다 타당성 검토해서 정비

6. **수립기준**: 국토부장관이 정함, 광역도시계획 및 도시·군기본계획(생활권계획)에 부합 → 광역도시계획이나 도시· 군기본계획 수립시 동시 입안 가능

✎ 입안·결정절차
   1. 경미한 사항(면적 5% 미만 시설부지의 변경, 근소한 위치변경, 세부시설의 변경, 도시지역의 축소 등)은 기초조사, 주민·지방의회의견청취, 협의·심의 생략 가능
   2. 도심지(상업지역), 나대지가 없는 경우(2% 미달) 등은 기초조사, 환경성 검토·토지적성평가·재해취약성분석 생략 가능
   3. 국방상·안보상 기밀(관계 중앙행정기관의 장이 요청)은 주민의견청취, 협의·심의 생략 가능
   4. 지구단위계획은 건축위원회와 도시계획위원회 공동심의

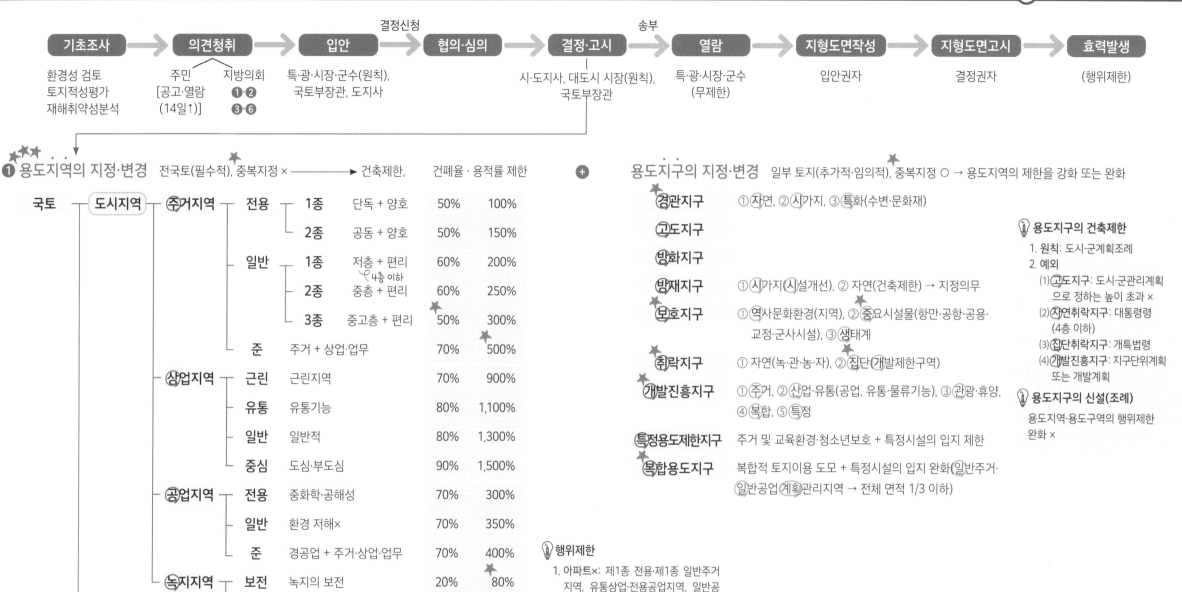

기초조사 → 의견청취 →(결정신청) 입안 → 협의·심의 → 결정·고시 →(송부) 열람 → 지형도면작성 → 지형도면고시 → 효력발생

- 기초조사: 환경성 검토 / 토지적성평가 / 재해취약성분석
- 의견청취: 주민 [공고·열람 (14일↑)] / 지방의회 ❶·❷ ❸·❻
- 입안: 특·광·시장·군수(원칙), 국토부장관, 도지사
- 결정·고시: 시·도지사, 대도시 시장(원칙), 국토부장관
- 열람: 특·광·시장·군수 (무제한)
- 지형도면작성: 입안권자
- 지형도면고시: 결정권자
- 효력발생: (행위제한)

❶ 용도지역의 지정·변경 전국토(필수적), 중복지정 × ──→ 건축제한, 건폐율·용적률 제한 ➕

국토
- 도시지역
  - 주거지역
    - 전용
      - 1종 단독 + 양호 — 50% / 100%
      - 2종 공동 + 양호 — 50% / 150%
    - 일반 (4층 이하)
      - 1종 저층 + 편리 — 60% / 200%
      - 2종 중층 + 편리 — 60% / 250%
      - 3종 중고층 + 편리 — 50% / 300%
    - 준 주거 + 상업·업무 — 70% / 500%
  - 상업지역
    - 근린 근린지역 — 70% / 900%
    - 유통 유통기능 — 80% / 1,100%
    - 일반 일반적 — 80% / 1,300%
    - 중심 도심·부도심 — 90% / 1,500%
  - 공업지역
    - 전용 중화학·공해성 — 70% / 300%
    - 일반 환경 저해× — 70% / 350%
    - 준 경공업 + 주거·상업·업무 — 70% / 400%
  - 녹지지역 (4층 이하)
    - 보전 녹지의 보전 — 20% / 80%
    - 생산 농업적 생산 + 개발유보 — 20% / 100%
    - 자연 제한적 개발 허용 — 20% / 100%
- 관리지역 (4층 이하)
  - 보전 자연환경보전지역에 준하여 관리 — 20% / 80%
  - 생산 농림지역에 준하여 관리 — 20% / 80%
  - 계획 도시지역에 준하여 계획적 개발·관리 — 40% / 100%
- 농림지역 농업진흥지역·보전산지 + 농림업진흥 — 20% / 80%
- 자연환경보전지역 자연환경·수자원·해안·생태계·상수원·국가유산 보전·수산자원 보호·육성 — 20% / 80%

❷ 용도지구의 지정·변경 일부 토지(추가적·임의적), 중복지정 ○ → 용도지역의 제한을 강화 또는 완화

- 경관지구 ①자연, ②시가지, ③특화(수변·문화재)
- 고도지구
- 방화지구
- 방재지구 ①시가지(시설개선), ② 자연(건축제한) → 지정의무
- 보호지구 ①역사문화환경(지역), ②중요시설물(항만·공항·공용·교정·군사시설), ③생태계
- 취락지구 ① 자연(녹·관·농·자), ②집단(개발제한구역)
- 개발진흥지구 ①주거, ②산업·유통(공업, 유통·물류기능), ③관광·휴양, ④복합, ⑤특정
- 특정용도제한지구 주거 및 교육환경·청소년보호 + 특정시설의 입지 제한
- 복합용도지구 복합적 토지이용 도모 + 특정시설의 입지 완화(일반주거·일반공업·계획관리지역 → 전체 면적 1/3 이하)

💡 **용도지구의 건축제한**
1. 원칙: 도시·군계획조례
2. 예외
   (1) 고도지구: 도시·군관리계획으로 정하는 높이 초과 ×
   (2) 자연취락지구: 대통령령 (4층 이하)
   (3) 집단취락지구: 개특법령
   (4) 개발진흥지구: 지구단위계획 또는 개발계획

💡 **용도지구의 신설(조례)**
용도지역·용도구역의 행위제한 완화 ×

💡 **행위제한**
1. 아파트×: 제1종 전용·제1종 일반주거지역, 유통상업·전용공업지역, 일반공업지역, 녹지지역(보·생·자), 관리지역(보·생·계), 농림지역, 자연환경보전지역
2. 건폐율·용적률 조정
   (1) 개발진흥지구(비도시지역): 40%, 100%
   (2) 수산자원보호구역: 40%, 80%
   (3) 농공단지: 70%, 150%
3. 미지정·미세분 지역의 행위제한 적용
   (1) 미지정: 자연환경보전지역
   (2) 도시지역이 미세분: 보전녹지지역
   (3) 관리지역이 미세분: 보전관리지역

💡 **용도지역 지정절차의 특례**
1. 공유수면(바다만 해당) 매립구역의 특례
   (1) 매립목적 = 이웃 용도지역: 매립구역은 매립준공인가일에 이웃 용도지역으로 지정 의제 ⇨ 지체 없이 고시
   (2) 매립목적 ≠ 이웃 용도지역 또는 둘 이상의 용도지역에 걸치는 경우: 매립구역의 용도지역은 도시·군관리계획 결정으로 지정
2. 도시지역으로 결정·고시 의제: ①항만구역·어항구역 + 도시지역에 연접한 공유수면, ②산업단지(국가·일반 및 도시첨단산업단지. 다만, 농공단지는 제외), ③택지개발지구, ④전원개발사업구역(수력발전소는 제외)
3. 관리지역의 특례: 관리지역에서 ① 농업진흥지역은 농림지역으로, ② 보전산지는 고시에서 구분하는 바에 따라 농림지역 또는 자연환경보전지역으로 결정·고시 의제

기초조사 → 의견청취 → 입안 —[결정신청]→ 협의·심의 → 결정·고시 —[송부]→ 열람 → 지형도면작성 → 지형도면고시 → 효력발생

- 기초조사: 환경성 검토, 토지적성평가, 재해취약성분석
- 의견청취: 주민 [공고·열람 (14일↑)], 지방의회 ❶·❷ ❸·❻
- 입안: 특·광·시장·군수(원칙), 국토부장관, 도지사
- 결정·고시: 국토부장관, 해수부장관, 시·도지사, 대도시 시장
- 열람: 특·광·시장·군수 (무제한)
- 지형도면작성: 입안권자
- 지형도면고시: 결정권자
- 효력발생: (행위제한)

❷ 용도구역의 지정·변경: 일부 토지(독자적) → 용도지역·용도지구의 제한을 강화 또는 완화하여 따로 정함

	지정권자	지정목적	행위제한
개발제한구역	국토부장관	도시의 묘질서한 확산방지, 묘안상 도시의 개발제한	「개발제한구역의 지정 및 관리에 관한 특별조치법」
도시자연공원구역	시·도지사, 대도시 시장	도시지역 내 식생이 양호한 산지의 개발제한	「도시공원 및 녹지 등에 관한 법률」
시가화조정구역	시·도지사(원칙), 국토부장관(국가계획)	무질서한 시가화 유보(5년 이상 20년 이내) ⇨ 유보기간 만료일의 다음 날 실효(고시)	① 도시·군계획사업(대통령령) ② 허가대상: 주택의 증축(100m² 이하) 등
수산자원보호구역	해수부장관	수산자원의 보호·육성	「수산자원관리법」
도시·군계획시설 입체복합구역	결정권자(국토부장관, 시·도지사, 대도시 시장)	도시·군계획시설의 입체복합적 활용을 위한 도시·군계획시설부지: 도시·군계획시설 준공 후 10년이 경과	대통령령(건폐율 150%, 용적률 200% 이하)

💡 **하나의 대지가 둘 이상의 용도지역 등에 걸치는 경우 대지의 행위제한 적용 기준**

1. 원칙: 가장 작은 부분의 규모가 330m²(도로변에 띠 모양으로 지정된 상업지역은 660m²) 이하인 경우 - 전체 대지에 행위제한 적용
   ① 건축제한: 가장 넓은 면적
   ② 건폐율·용적률: 가중평균한 값

제1종 전용 주거지역 800m²	제2종 전용 주거지역 200m²

도로

2. 예외
   ① 건축물이 고도지구에 걸치는 경우: 건축물과 대지의 전부에 대하여 고도지구의 규정을 적용
   ② 건축물이 방화지구에 걸치는 경우: 건축물 전부에 대하여 방화지구의 규정을 적용. 다만, 경계가 방화벽으로 구획되는 경우는 각각

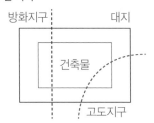

방화지구 / 대지 / 건축물 / 고도지구

   ③ 대지가 녹지지역(녹지지역이 가장 작은 부분으로서330m²이하인 경우는제외)에 걸치는 경우: 각각의 규정을 적용. 다만, 건축물이 고도지구 또는 방화지구에 걸치는 경우는 ①·②에 따름

💡 **공간재구조화계획:** 토지이용, 건축제한, 건폐율·용적률·높이 등의 제한을 완화하는 용도구역의 효율적 관리를 위해 수립하는 계획

입안
(1) 원칙: 특·광·시장·군수
① 도시혁신구역의 지정·변경과 도시혁신계획
② 복합용도구역의 지정·변경과 복합용도계획
③ 입체복합구역의 지정·변경(①·②와 함께 지정)
(2) 예외: 국토부장관, 도지사
(3) 입안제안: 주민(이해관계자 포함) ⇨ 입안권자

결정·고시
(1) 원칙: 시·도지사(직접 또는 시장·군수의 신청)
(2) 예외: 국토부장관
(3) 효력발생시기: 지형도면을 고시한 날부터

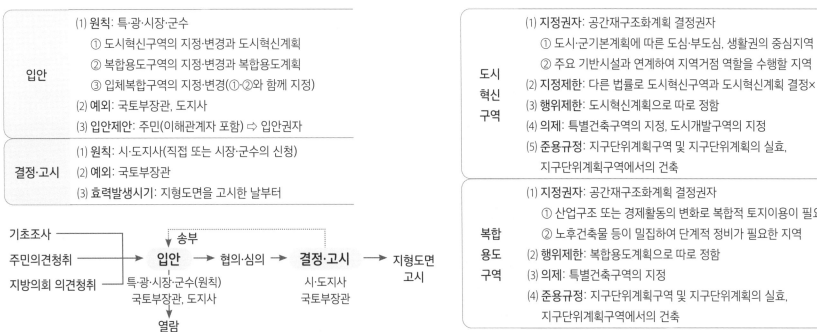

기초조사 ┐
주민의견청취 ├→ 입안 → 협의·심의 → 결정·고시 → 지형도면 고시
지방의회 의견청취 ┘ 특·광·시장·군수(원칙), 국토부장관, 도지사 / 시·도지사, 국토부장관
↓ 열람 (송부)

도시혁신구역
(1) 지정권자: 공간재구조화계획 결정권자
① 도시·군기본계획에 따른 도심·부도심, 생활권의 중심지역
② 주요 기반시설과 연계하여 지역거점 역할을 수행할 지역
(2) 지정제한: 다른 법률로 도시혁신구역과 도시혁신계획 결정×
(3) 행위제한: 도시혁신계획으로 따로 정함
(4) 의제: 특별건축구역의 지정, 도시개발구역의 지정
(5) 준용규정: 지구단위계획구역 및 지구단위계획의 실효, 지구단위계획구역에서의 건축

복합용도구역
(1) 지정권자: 공간재구조화계획 결정권자
① 산업구조 또는 경제활동의 변화로 복합적 토지이용이 필요
② 노후건축물 등이 밀집하여 단계적 정비가 필요한 지역
(2) 행위제한: 복합용도계획으로 따로 정함
(3) 의제: 특별건축구역의 지정
(4) 준용규정: 지구단위계획구역 및 지구단위계획의 실효, 지구단위계획구역에서의 건축

💡 1. 기초조사, 환경성 검토·토지적성평가·재해취약성분석: 5년 이내에 실시한 경우 생략 가능
   2. 중앙도시계획위원회 심의: ① 국토부장관이 결정, ② 시·도지사가 도시혁신구역·복합용도구역의 지정을 위해 결정

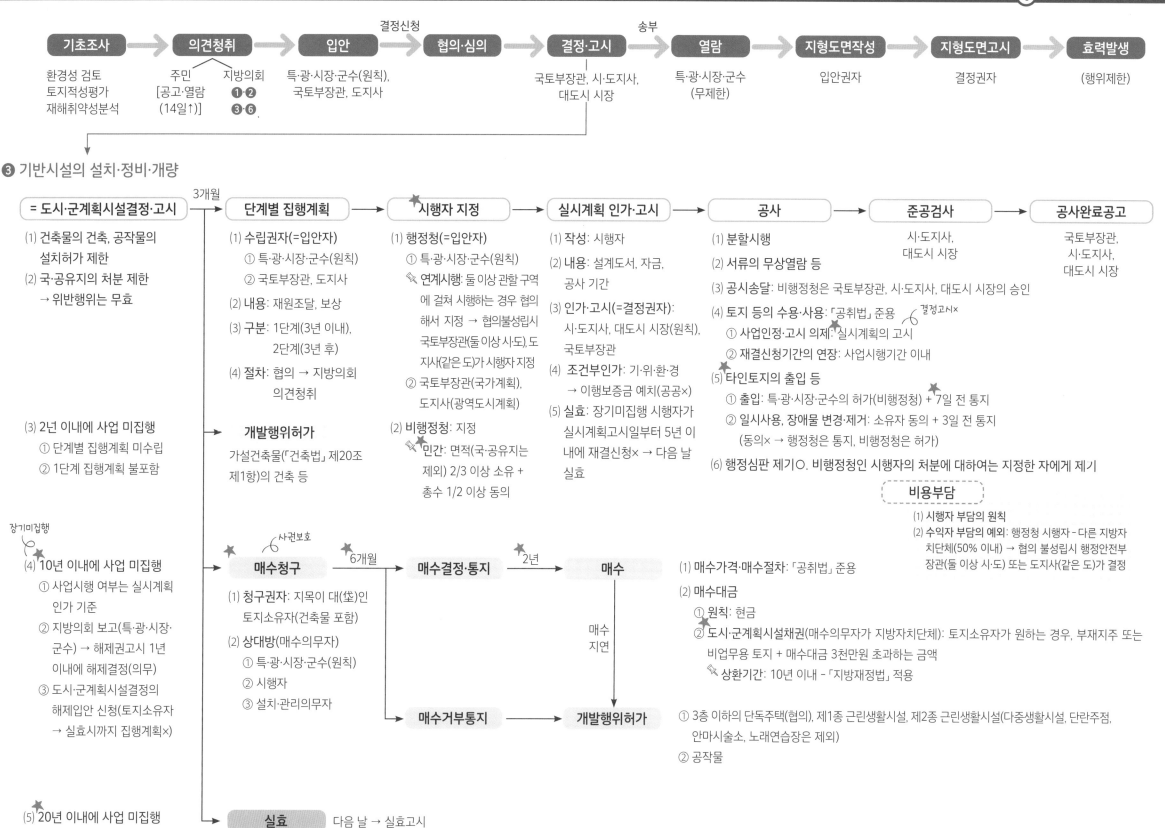

기초조사 → 의견청취 → 입안 → (결정신청) → 협의·심의 → (송부) 결정·고시 → 열람 → 지형도면작성 → 지형도면고시 → 효력발생

- 기초조사: 환경성 검토 / 토지적성평가 / 재해취약성분석
- 의견청취: 주민 [공고·열람 (14일↑)] / 지방의회 ❶·❷ ❸·❻
- 입안: 특·광·시장·군수(원칙), 국토부장관, 도지사
- 결정·고시: 국토부장관, 시·도지사, 대도시 시장
- 열람: 특·광·시장·군수 (무제한)
- 지형도면작성: 입안권자
- 지형도면고시: 결정권자
- 효력발생: (행위제한)

❸ 기반시설의 설치·정비·개량

= 도시·군계획시설결정·고시 —(3개월)→ 단계별 집행계획 → 시행자 지정 → 실시계획 인가·고시 → 공사 → 준공검사 → 공사완료공고

= 도시·군계획시설결정·고시
(1) 건축물의 건축, 공작물의 설치허가 제한
(2) 국·공유지의 처분 제한 → 위반행위는 무효

(3) 2년 이내에 사업 미집행
① 단계별 집행계획 미수립
② 1단계 집행계획 불포함

단계별 집행계획
(1) 수립권자(=입안자)
① 특·광·시장·군수(원칙)
② 국토부장관, 도지사
(2) 내용: 재원조달, 보상
(3) 구분: 1단계(3년 이내), 2단계(3년 후)
(4) 절차: 협의 → 지방의회 의견청취

개발행위허가
가설건축물(「건축법」 제20조 제1항)의 건축 등

시행자 지정
(1) 행정청(=입안자)
① 특·광·시장·군수(원칙)
✎ 연계시행: 둘 이상 관할 구역에 걸쳐 시행하는 경우 협의해서 지정 → 협의불성립시 국토부장관(둘 이상 시·도), 도지사(같은 도)가 시행자 지정
② 국토부장관(국가계획), 도지사(광역도시계획)
(2) 비행정청: 지정
✎ 민간: 면적(국·공유지는 제외) 2/3 이상 소유 + 총수 1/2 이상 동의

실시계획 인가·고시
(1) 작성: 시행자
(2) 내용: 설계도서, 자금, 공사 기간
(3) 인가·고시(=결정권자): 시·도지사, 대도시 시장(원칙), 국토부장관
(4) 조건부인가: 기·위·환·경 → 이행보증금 예치(공공×)
(5) 실효: 장기미집행 시행자가 실시계획고시일부터 5년 이내에 재결신청× → 다음 날 실효

공사
(1) 분할시행
(2) 서류의 무상열람 등
(3) 공시송달: 비행정청은 국토부장관, 시·도지사, 대도시 시장의 승인
(4) 토지 등의 수용·사용: 「공취법」 준용 (결정고시×)
① 사업인정·고시 의제: 실시계획의 고시
② 재결신청기간의 연장: 사업시행기간 이내
(5) 타인토지의 출입 등
① 출입: 특·광·시장·군수의 허가(비행정청) + 7일 전 통지
② 일시사용, 장애물 변경·제거: 소유자 동의 + 3일 전 통지 (동의× → 행정청은 통지, 비행정청은 허가)
(6) 행정심판 제기O. 비행정청인 시행자의 처분에 대하여는 지정한 자에게 제기

준공검사
시·도지사, 대도시 시장

공사완료공고
국토부장관, 시·도지사, 대도시 시장

┌─── 비용부담 ───┐
(1) 시행자 부담의 원칙
(2) 수익자 부담의 예외: 행정청 시행자 - 다른 지방자치단체(50% 이내) → 협의 불성립시 행정안전부장관(둘 이상 시·도) 또는 도지사(같은 도)가 결정

(장기미집행)
(4) 10년 이내에 사업 미집행
① 사업시행 여부는 실시계획 인가 기준
② 지방의회 보고(특·광·시장·군수) → 해제권고시 1년 이내에 해제결정(의무)
③ 도시·군계획시설결정의 해제입안 신청(토지소유자 → 실효시까지 집행계획×)

(사권보호)
매수청구 —(6개월)→ 매수결정·통지 —(2년)→ 매수

매수청구
(1) 청구권자: 지목이 대(垈)인 토지소유자(건축물 포함)
(2) 상대방(매수의무자)
① 특·광·시장·군수(원칙)
② 시행자
③ 설치·관리의무자

매수거부통지 → 개발행위허가

매수 지연 → 개발행위허가

(1) 매수가격·매수절차: 「공취법」 준용
(2) 매수대금
① 원칙: 현금
② 도시·군계획시설채권(매수의무자가 지방자치단체): 토지소유자가 원하는 경우, 부재지주 또는 비업무용 토지 + 매수대금 3천만원 초과하는 금액
✎ 상환기간: 10년 이내 - 「지방재정법」 적용

① 3층 이하의 단독주택(협의), 제1종 근린생활시설, 제2종 근린생활시설(다중생활시설, 단란주점, 안마시술소, 노래연습장은 제외)
② 공작물

(5) 20년 이내에 사업 미집행 → **실효** 다음 날 → 실효고시

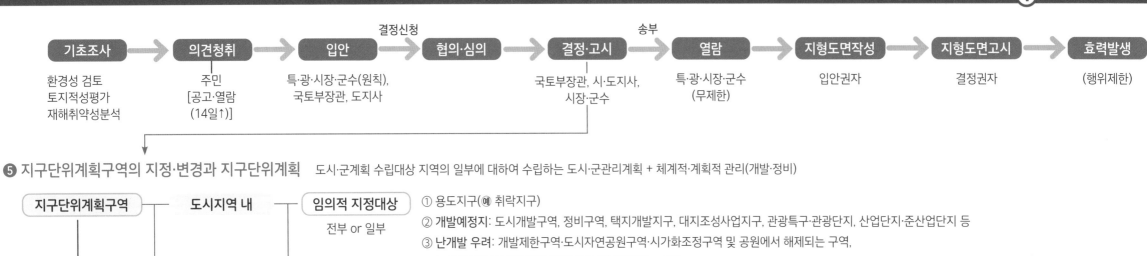

기초조사 → 의견청취 → 입안 → (결정신청) → 협의·심의 → (송부) → 결정·고시 → 열람 → 지형도면작성 → 지형도면고시 → 효력발생

기초조사	의견청취	입안	협의·심의	결정·고시	열람	지형도면작성	지형도면고시	효력발생
환경성 검토 토지적성평가 재해취약성분석	주민 [공고·열람 (14일↑)]	특·광·시장·군수(원칙), 국토부장관, 도지사		국토부장관, 시·도지사, 시장·군수	특·광·시장·군수 (무제한)	입안권자	결정권자	(행위제한)

⑤ 지구단위계획구역의 지정·변경과 지구단위계획 도시·군계획 수립대상 지역의 일부에 대하여 수립하는 도시·군관리계획 + 체계적·계획적 관리(개발·정비)

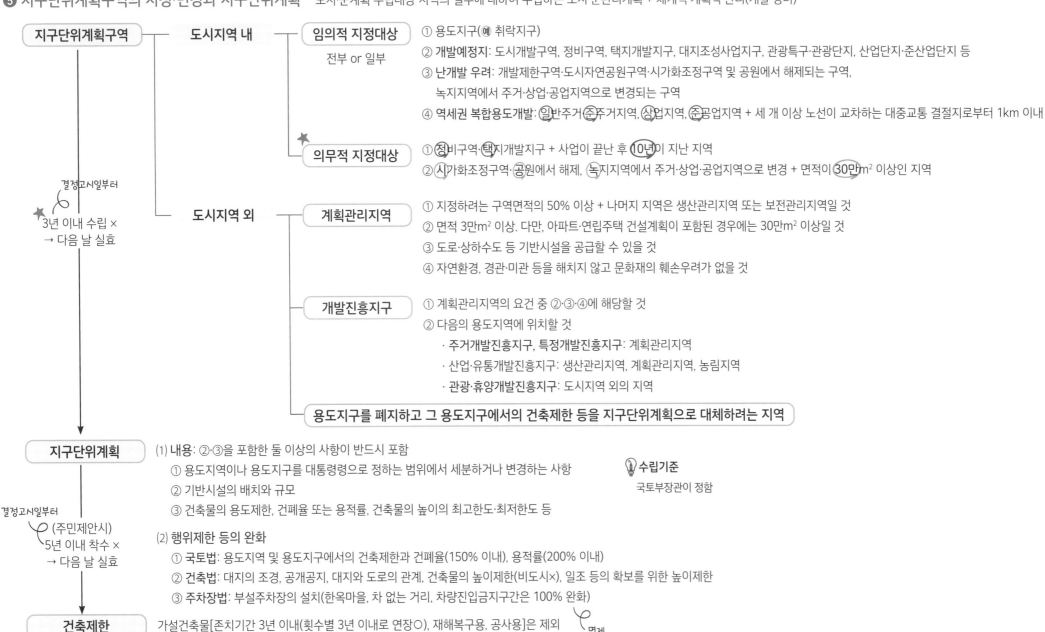

지구단위계획구역

도시지역 내 — **임의적 지정대상** (전부 or 일부)

① 용도지구(예 취락지구)

② 개발예정지: 도시개발구역, 정비구역, 택지개발지구, 대지조성사업지구, 관광특구·관광단지, 산업단지·준산업단지 등

③ 난개발 우려: 개발제한구역·도시자연공원구역·시가화조정구역 및 공원에서 해제되는 구역, 녹지지역에서 주거·상업·공업지역으로 변경되는 구역

④ 역세권 복합용도개발: 일반주거·준주거지역, 상업지역, 준공업지역 + 세 개 이상 노선이 교차하는 대중교통 결절지로부터 1km 이내

도시지역 내 — **의무적 지정대상**

① 정비구역·택지개발지구 + 사업이 끝난 후 10년이 지난 지역

② 시가화조정구역·공원에서 해제, 녹지지역에서 주거·상업·공업지역으로 변경 + 면적이 30만m² 이상인 지역

도시지역 외 — **계획관리지역**

① 지정하려는 구역면적의 50% 이상 + 나머지 지역은 생산관리지역 또는 보전관리지역일 것

② 면적 3만m² 이상. 다만, 아파트·연립주택 건설계획이 포함된 경우에는 30만m² 이상일 것

③ 도로·상하수도 등 기반시설을 공급할 수 있을 것

④ 자연환경, 경관·미관 등을 해치지 않고 문화재의 훼손우려가 없을 것

개발진흥지구

① 계획관리지역의 요건 중 ②·③·④에 해당할 것

② 다음의 용도지역에 위치할 것
· 주거개발진흥지구, 특정개발진흥지구: 계획관리지역
· 산업·유통개발진흥지구: 생산관리지역, 계획관리지역, 농림지역
· 관광·휴양개발진흥지구: 도시지역 외의 지역

용도지구를 폐지하고 그 용도지구에서의 건축제한 등을 지구단위계획으로 대체하려는 지역

결정고시일부터 3년 이내 수립 × → 다음 날 실효

지구단위계획

(1) 내용: ②·③을 포함한 둘 이상의 사항이 반드시 포함

① 용도지역이나 용도지구를 대통령령으로 정하는 범위에서 세분하거나 변경하는 사항

② 기반시설의 배치와 규모

③ 건축물의 용도제한, 건폐율 또는 용적률, 건축물의 높이의 최고한도·최저한도 등

💡 **수립기준**
국토부장관이 정함

결정고시일부터 (주민제안시) 5년 이내 착수 × → 다음 날 실효

(2) 행위제한 등의 완화

① 국토법: 용도지역 및 용도지구에서의 건축제한과 건폐율(150% 이내), 용적률(200% 이내)

② 건축법: 대지의 조경, 공개공지, 대지와 도로의 관계, 건축물의 높이제한(비도시×), 일조 등의 확보를 위한 높이제한

③ 주차장법: 부설주차장의 설치(한옥마을, 차 없는 거리, 차량진입금지구간은 100% 완화)

건축제한

가설건축물[존치기간 3년 이내(횟수별 3년 이내로 연장○), 재해복구용, 공사용]은 제외 면제

허가 신청

1. 신청서 제출 + 계획서[㉑반시설의 설치(개발밀도관리구역은 제외), ㉜해방지, ㉞경오염방지, ㉝관·조경] 첨부

★★★
2. 허가대상 개발행위(도시·군계획사업은 제외)

건축물의 건축	「건축법」에 따른 건축물의 건축
공작물의 설치	인공을 가하여 제작한 시설물의 설치
토지의 형질변경	절토·성토·정지·포장 등의 방법으로 토지의 형상을 변경하는 행위와 공유수면의 매립(경작을 위한 형질변경은 제외)
토석채취	흙·모래·자갈·바위 등의 토석을 채취하는 행위(토지의 형질변경을 목적으로 하는 것은 제외)
토지분할	(건축물이 있는 대지는 제외) ① 녹지, 관리, 농림, 자연환경보전지역 ② 「건축법」에 따른 대지분할제한면적에 미만 ③ 너비 5m 이하
물건의 적치	녹지지역·관리지역 또는 자연환경보전지역에서 사용승인을 받은 건축물의 울타리 안이 아닌 토지에 물건을 1개월 이상 쌓아놓는 행위

★
3. 허가사항의 변경: 변경허가. 다만, 경미한 사항의 변경[① 사업기간의 단축, ② 부지면적 및 건축물(공작물) 연면적의 5% 범위에서 축소]은 제외
→ 지체 없이 허가권자에게 통지

4. 예외적 허용
   (1) 재해복구·재난수습을 위한 응급조치: 1개월 이내에 신고
   (2) 경미한 행위: 농사, 공용·공익·공공
      ① 녹지, 관리, 농림지역에서 농림어업용 비닐하우스의 설치(양식장은 제외)
      ② 조성이 완료된 대지에 건축물이나 공작물을 설치하기 위한 형질변경 (절토·성토는 제외)
      ③ 토지의 일부가 도시·군계획시설로 지형도면 고시가 된 해당 토지의 분할

★
공공시설의 귀속
- 새로 설치한 공공시설: 관리청에 무상귀속
- 용도폐지되는 종래의 시설: 행정청 - 무상귀속, 비행정청 - 무상양도가능(설치비용의 범위)

허가절차

1. 허가권자: 특·광·시장 또는 군수 - 처리기간은 15일(협의·심의기간은 제외)

2. 허가기준
   (1) 개발행위의 규모
      ① 보전녹지, 자연환경보전지역: 5천m² 미만
      ② ㉣거, ㉣업, ㉓연녹지, ㉓산녹지지역: ①㉢m² 미만
      ③ 공업, 관리, 농림지역: 3만m² 미만
   (2) 도시·군관리계획, 성장관리계획(5년마다 타당성 검토)
   (3) 도시·군계획사업 → 시행자 의견청취
   (4) 주변환경, 경관
   (5) 기반시설의 설치 또는 용지확보

★
3. 성장관리계획구역
   (1) 지정권자: 특·광·시장 또는 군수(허가권자) - ㉣지, ㉣리, ㉣림, ㉑연환경보전지역
   (2) 지정절차: 주민의견청취[공람(14일 이상)] ⇨ 지방의회 의견청취(60일) ⇨ 협의(30일)·심의 ⇨ 고시·열람
   (3) 행위제한 완화: 성장관리계획구역 내 ① 계획관리지역(건폐율 50%, 용적률 125% 이내), ② 생산녹지·자연녹지지역, 생산관리지역, 농림지역(건폐율 30% 이내)에서 완화적용

★
4. 허가제한
   (1) 제한권자: 국토부장관, 시·도지사, 시장·군수
   (2) 제한절차: 의견청취(시장·군수) ⇨ 심의(도계위) ⇨ 고시
   (3) 제한사유·기간

① ㉣지지역, ㉑획관리지역 + ㉣목 생육, 조수류 서식, 우량농지 등 보전할 필요가 있는 지역	1회 3년 이내
② 주변환경, 경관, 미관, 국가유산 등이 오염되거나 손상될 우려가 있는 지역	
③ ㉣시·군기본계획, 도시·군관리계획을 수립하고 있는 지역	5년[1회 3년 이내 + 1회 2년 이내 연장 (심의×)]
④ ㉣구단위계획구역으로 지정된 지역	
⑤ ㉑반시설부담구역으로 지정된 지역	

허가 처분
내용 서면 통지

불허가 처분
사유 서면 통지

★
조건부 허가
*의견청취(허가신청자)
① ㉑반시설의 설치, 용지확보
② ㉜해방지
③ ㉞경오염방지
④ ㉝관·조경

준공검사
① 건축물의 건축
② 공작물의 설치
③ 토지의 형질변경
④ 토석채취

위반시 조치
1. 무허가 행위: 원상회복명령 ⇨ 행정대집행
2. 무허가 행위자: 처벌(3년, 3천)

이행보증금
★
① 국가·지자체, 공공기관, 공공단체는 제외
② 총공사비 ㉓% 이내
③ 준공검사 후 즉시 반환

기반시설연동제

1. 개발밀도관리구역(기개발지)
   (1) 지정권자: 특·광·시장 또는 군수(임의적)
   (2) 지정대상: 기반시설의 설치가 곤란 + 주거·상업·공업지역(도로, 상·하수도, 학교 - 2년 이내, 20% 이상 초과·미달)
   (3) 지정절차: 심의(도계위) ⇨ 지정·고시
   (4) 지정효과: 건폐율 또는 용적률 강화적용 → 용적률 최대한도의 50% 범위에서 강화적용
   건폐율×

2. 기반시설부담구역(신개발지)
   (1) 지정권자: 특·광·시장 또는 군수(의무적)
   (2) 지정대상: 기반시설의 설치가 필요한 지역 + 행위제한이 완화되는 지역, 개발행위가 집중되는 지역(허가 건수, 인구증가율 20% 이상)
   (3) 지정절차: 주민의견청취 ⇨ 심의(도계위) ⇨ 지정·고시
   (4) 기반시설설치계획: 1년 이내 수립× → 다음 날 해제
   (5) 기반시설설치비용의 납부
      ① 200m²를 초과하는 건축물의 신축·증축행위를 하는 자
      ② 현금납부(원칙), 토지로 물납 인정 → 건축허가시 2개월 이내에 부과 → 사용승인 신청시까지 납부
      ③ 기반시설유발계수: 위락시설(2.1) > 관광휴게시설(1.9) > 제2종 근린생활시설(1.6)

PART 2 도시개발법

✎ **도시개발사업**: 도시개발구역에서 주거·상업·산업·유통 등의 기능이 있는 단지 또는 시가지를 조성하는 사업[농지·산지 → 공사(토지형질변경 + 토지구획정리) → 택지 개발]

개발계획 수립

1. 수립·변경: 지정권자

(1) **원칙**: 시·도지사, 대도시 시장

  ★**걸치는 경우**: 협의하여 정함

(2) **국토부장관**

　① 국가가 개발

　② 중앙행정기관의 장이 요청

　③ 공공기관·정부출연기관의 장이 30만m² 이상으로 제안

　④ 시·도지사, 대도시 시장의 협의 성립×

　⑤ 천재지변 등 긴급

(3) **지정요청**: 시장·군수·구청장 → 시·도지사

(4) **지정제안**: 국가·지자체, 조합을 제외한 시행자

　→ 시장·군수·구청장

　★**토지소유자 등 민간시행자는 면적 2/3 이상 동의**

2. 수립시기

(1) **원칙**: 개발구역 지정 전

(2) **예외**: 개발구역 지정 후(2년 이내)

　① 개발계획 공모

　② 자연녹지, 생산녹지, 비도시지역

　③ 주거·상업·공업지역이 30% 이하

　④ 국토부장관이 지정(자연환경보전지역×)

3. 환지방식: 토지면적(국·공유지 포함) 2/3 이상 + 토지소유자 총수 1/2 이상 동의. 다만, 시행자가 국가·지자체인 경우 동의×

4. 내용: 도시개발구역의 명칭·위치와 면적, 지정목적 및 사업 시행기간, 시행자, 시행방식 등(지구단위계획 ×)

　✎ **도시개발구역 지정 후 포함 가능**: ① 도시개발구역 밖에 기반 시설 실치비용 부담, ② 수용대상 토지 등의 세목, ③ 세입자의 주거·생활안정대책, ④ 단계적 사업추진

5. 수립기준: 국토부장관이 정함

(1) 광역도시계획, 도시·군기본계획에 부합

(2) 330만m² 이상은 주거·생산·교육·유통·위락 등의 기능이 상호 조화

도시개발구역 지정

1. 지정대상·규모: 결합개발, 분할시행(1만m² 이상)

도시지역	·주거지역, 상업지역, 자연녹지지역, 생산녹지지역: 1만m² 이상 ·공업지역: 3만m² 이상
비도시지역	30만m² 이상(10만m² 예외)

2. 지정절차: 기초조사(임의적) ⇨ 주민의견청취[공람이나 공청회 (100만m² 이상)] ⇨ 협의(50만m² 이상시 국토부장관)·심의 ⇨ 지정·고시 ⇨ 공람(14일 이상)

3. 지정효과

(1) 도시지역과 지구단위계획구역으로 결정·고시 의제.
　다만, 취락지구는 제외

(2) **행위제한**

　① **허가대상**: 건축물(가설건축물 포함)의 건축·대수선·용도변경, 공작물의 설치, 토지의 형질변경, 토석채취, 토지분할, 물건을 1개월 이상 쌓아놓는 행위와 죽목의 벌채·식재는 특별시장·광역시장·특별자치도지사·시장 또는 군수의 허가

　② **예외**: 응급조치, 경미한 행위(농사)

　③ **기득권 보호**: 공사나 사업에 착수한 자 + 30일 이내 신고

4. 지정해제: 다음 날

(1) **원칙**: 개발계획 ⇨ 도시개발구역

　① 도시개발구역 지정·고시일부터 3년 이내에 실시계획인가 신청×

　② 공사완료(환지처분)의 공고일

(2) **예외**: 도시개발구역 ⇨ 개발계획

　① 도시개발구역 지정·고시일부터 2년(330만m² 이상은 5년) 이내에 개발계획 수립×

　② 개발계획 수립·고시일부터 3년(330만m² 이상은 5년) 이내에 실시계획인가 신청×

(3) **해제효과**: 용도지역 환원, 지구단위계획구역 폐지.
　다만, 공사완료(환지처분)는 제외

시행자 지정

1. 시행자의 지정: 지정권자. 다만, 전부 환지방식은 토지소유자 또는 조합을 지정

공공 (대행O)	① 국가·지자체(행정청) ② 공공기관(한국토지주택공사·한국수자원공사·한국농어촌공사·한국관광공사·한국철도공사·매입공공기관) ③ 정부출연기관[국가철도공단(역세권 개발)·제주국제자유도시개발센터(제주도 개발)] ④ 지방공사
민간	⑤ 토지소유자 ⑥ 조합(전부 환지방식 한정) ⑦ 수도권 외의 지역으로 이전하는 법인 ⑧ 등록사업자, 토목공사업자 ⑨ 부동산개발업자, 부동산투자회사 등

2. 시행자의 변경: ① 실시계획인가 후 2년 이내에 사업에 착수×, ② 전부 환지방식의 경우 토지소유자나 조합이 도시개발구역 지정·고시일부터 1년 이내에 실시계획인가 신청×

3. 도시개발조합

(1) **설립인가**: 토지소유자 7명 이상 + 정관 작성 → 지정권자의 인가. 변경O.
　다만, 주된 사무소 소재지의 변경·공고방법의 변경은 신고O
　★**동의요건**: 토지면적(국공유지 포함) 2/3 이상 + 토지소유자 총수 1/2 이상

(2) **설립등기**: 설립인가 후 30일 이내 → 성립(사단법인)

(3) **조합원**: 토지소유자(동의 불문)
　★**토지면적에 관계없이 평등한 의결권**

(4) **임원(필수)**: 조합장 1인, 이사, 감사

　① 의결권을 가진 조합원 중 총회에서 선임

　② 조합장 또는 이사의 조합과의 계약이나 소송은 감사가 조합을 대표

　③ 그 조합이나 다른 조합의 임·직원 겸직 금지

　④ 결격(제한능력자, 파산자, 금고 이상 형의 선고나 집행유예)에 해당하게 되면 그 다음 날부터 임원자격 상실

(5) **대의원회(임의적)**: 조합원 수가 50인 이상인 조합 → 조합원 총수의 10/100 이상

　✎ **총회권한대행 제외사항**: ①정관의 변경, ②개발계획·환지계획 수립·변경, ③임원의 선임, ④합병·해산(청산 후는 제외)

실시계획 인가

1. 실시계획 작성: 시행자

　① 내용: 설계도서, 자금계획, 시행기간, 지구단위계획

　② 기준: 개발계획에 부합

2. 실시계획 인가·고시: 지정권자. 경미한 변경×

　① 의견청취: 국토부장관은 시·도지사 또는 대도시 시장,
　　시·도지사는 시·군·구청장의 의견청취

　② 효과: 공사에 착수(2년 이내), 도시·군관리계획 결정·
　　고시 의제(종전 도시·군관리계획은 고시내용으로 변경),
　　관련 인·허가 등 의제

3. 시행방식

	수용방식	환지방식
사유	집단적인 (택지의) 조성과 공급	① 대지로서의 효용증진과 공공시설의 정비 ② 지가가 현저히 높은 경우
장점	신속	동의(보상금×)
단점	보상금 확보, 획일적 개발	절차 지연, 복잡
시행자	공공	토지소유자, 조합

✎ 시행방식의 변경○

　① 공공시행자: 수용방식 → 전부 환지방식, 혼용방식
　　→ 전부 환지방식

　② 시행자(조합×): 수용방식 → 혼용방식

수용방식에 의한 사업시행

수용·사용

1. 토지 등의 수용·사용

　(1) 민간시행자: 면적 2/3 이상 소유 + 총수 1/2 이상 동의

　(2) 절차: 공취법 준용

　　① 사업인정·고시 의제: 수용·사용할 토지의 세부목록을 고시한 때

　　② 재결신청기간 연장: 사업시행기간 종료일까지

2. 토지상환채권(기명식 증권): 지정권자의 승인

　(1) 발행: 시행자 - 토지소유자가 원하는 경우 토지 등의 매수대금의 일부 지급

　(2) 규모: 분양토지·건축물 면적의 1/2 이하

　(3) 제한: 민간시행자는 지급보증

　(4) 이율: 발행자가 정함

　(5) 발행계획: ① 발행총액·이율·발행가액 및 발행시기, ② 토지가격의 추산방법, ③ 보증기관 및 보증의 내용(민간시행자) 등

　(6) 이전: 취득자의 성명·주소를 원부에 기재요청, 채권에 기재는 대항요건

3. 선수금: 지정권자의 승인 - 조성토지 등과 원형지의 공급·이용대금의 전부 또는 일부를 미리 받을 수 있음

　(1) 공공시행자: 개발계획수립·고시 후 면적 10/100 이상 토지소유권 확보

　(2) 민간시행자: 실시계획인가 후 공사진척률이 10/100 이상 등

원형지 공급

1. 승인·범위: 지정권자 → 도시개발구역 전체 토지면적의 1/3 이내로 공급

2. 공급대상: ① 국가·지자체, 공공기관, 지방공사, ② 학교나 공장부지로 직접 사용하려는 자 등

3. 원형지개발자의 선정: 수의계약의 방법이 원칙. 다만, 학교나 공장부지는 경쟁입찰의 방식(2회 이상 유찰시 수의계약)의 방식

4. 공급가격: 시행자와 원형지개발자가 협의하여 결정

5. 매각제한(국가·지자체는 제외): 공급계약일부터 10년 또는 공사완료일부터 5년 중 먼저 끝나는 기간

공사

준공검사

준공검사·공사완료의 공고(지정권자)

조성토지의 공급

1. 조성토지공급계획: 지정권자의 승인

2. 공급기준: 조성토지공급계획에 따라 공급

3. 조성토지의 공급방법: 경쟁입찰 원칙. 다만, 추첨(① 국민주택규모 이하의 주택건설용지, ② 공공택지, ③ 330m² 이하 단독주택용지,
　④ 공장용지), 수의계약(공공시설용지, 토지상환채권 등)

4. 공급가격: 감정가격 원칙. 다만, 학교·폐기물처리시설·임대주택 등 공공시설용지는 감정가 이하

환지방식에 의한 사업시행

환지계획

1. **절차**: 작성(시행자) ⇨ 인가신청(비행정청인 시행자) ⇨ 특별자치도지사, 시장·군수·구청장의 인가. 변경○

2. **내용**: ① 환지설계(평가식 원칙), ② 필지별 환지명세, ③ 필지별·권리별 청산대상 토지명세, ④ 체비지·보류지의 명세, ⑤ 입체환지용 건축물의 명세 등

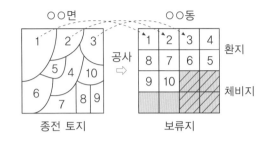

○○면   ○○동

종전 토지   공사 ⇨   보류지   환지 / 체비지

3. **작성기준**
   (1) **적응환지**: 종전 토지와 환지의 위치·지목·면적·토질·수리·이용상황·환경 등을 고려
   (2) **조성토지의 가격평가**: 감정평가 후 토지평가협의회의 심의를 거쳐 결정
   (3) **토지부담률**: 시행자가 산정 → 50% 초과 금지. 다만, 지정권자가 인정하는 경우 60%, 토지소유자 총수 2/3 이상이 동의하는 경우 60% 초과 가능

4. **적응환지의 예외**
   (1) **환지부지정**: 토지소유자의 신청·동의(임차권자 등의 동의 필수)
   (2) **과소토지의 방지**: 면적이 작은 토지 - 증환지, 환지대상에서 제외(환지부지정) / 면적이 넓은 토지 - 감환지
   (3) **입체환지**: 토지·건축물 소유자의 신청으로 건축물의 일부와 토지의 지분을 부여 → 1주택 공급이 원칙.
   다만, ① 과밀억제권역×, ② 근로자숙소·기숙사용도, ③ 공공시행자는 소유한 주택수만큼 공급 가능
   (4) **보류지, 체비지**(사업에 필요한 경비에 충당)

환지예정지

1. **사용·수익권 이동**(종전 토지 → 환지예정지): 토지소유자 또는 임차권자는 환지처분의 공고일까지 종전의 토지는 사용·수익할 수 없고, 환지예정지에 종전과 동일한 내용의 권리 행사 가능
   *체비지: 시행자가 사용·수익 및 처분 가능

2. **사용·수익의 정지**: 환지부지정인 토지소유자(30일 전까지 통지) → 환지처분의 공고일까지 시행자가 관리

준공검사

공사완료의 공고·공람 ⇨ 의견청취 ⇨ 준공검사(지정권자)

환지처분
환지교부 + 청산결정

1. **시기**: 준공검사(지정권자가 시행자인 경우 공사완료의 공고) 후 60일 이내 → 통지·공고

2. **효과** 소유권
   (1) **권리의 이동**(종전 토지 → 환지): 환지는 환지처분 공고일의 다음 날부터 종전 토지로 보며, 환지를 정하지 않은 종전토지에 있던 권리는 환지처분 공고일이 끝나는 때에 소멸
   ✎ 행정상·재판상 처분은 환지처분에 영향×
   지역권은 종전 토지에 존속 → 행사할 이익이 없어진 지역권은 환지처분 공고일이 끝나는 때에 소멸
   (2) **체비지·보류지의 귀속**: 체비지는 시행자, 보류지는 환지계획에서 정한 자가 각각 환지처분 공고일의 다음 날에 소유권 취득. 다만, 이미 처분한 체비지는 매입한 자가 이전등기를 마친 때에 취득

3. **환지등기**: 환지처분의 공고 후 14일 이내에 시행자가 등기소에 촉탁·신청(의무) → 타등기 제한

4. **임차권자 등의 권리조정**: ① 차임 등의 증감청구, ② 계약의 해지, ③ 손실보상의 청구(to. 시행자) → 환지처분의 공고 후 60일 이내 (=환지예정지)

청산

1. **시기**: 환지처분을 하는 때에 결정 ⇨ 환지처분 공고일의 다음 날에 확정 ⇨ 청산금 징수·교부(분할징수·교부○)
   *환지부지정의 경우 환지처분 전이라도 청산금을 결정하여 교부 가능

2. **소멸시효**: 5년간 행사×

┌─────────────────┐
│   **비용부담**   │
└─────────────────┘

(1) **시행자 부담의 원칙**

(2) **수익자부담의예외 - 행정청시행자**:다른지방자치단체 (1/2 이내) → 협의 불성립시 행정안전부장관 또는 시·도지사가 결정

(3) **도시개발채권**: 시·도지사가 행정안전부장관의 승인을 받아 발행 → 도시개발사업이나 도시·군계획시설사업에 필요한 자금 조달
   ① 전자등록 발행, 무기명 발행
   ② 상환기간: 5년부터 10년까지 범위에서 조례로 정함
   ③ 소멸시효: 원금 5년, 이자 2년
   ④ 매입의무자: 공공시행자와 공사도급계약을 체결하는 자, 민간시행자, 토지형질변경 허가를 받는 자 → 매입필증 5년간 따로 보관

1. 정비사업: 정비구역에서 정비기반시설을 정비하거나 주택 등 노후·불량건축물을 개량 또는 건설하는 다음의 사업 → 도시기능의 회복

	의의		시행방법	시행자
	정비기반시설	노후·불량건축물		
주거환경 개선사업	극히 열악	과도 밀집	①ⓐ율주택정비 ②ⓢ용 ③ⓗ지 ④ⓖ리처분(주택) *각각 또는 혼용방법 가능	· ① **방법**: 시장·군수 등(원칙), 토지주택공사 등 (토지등소유자 과반수 동의) · ②·③·④ **방법**: 시장·군수 등, 토지주택공사 등 단독 또는 공동(건설사업자·등록사업자) - 토지등소유자 2/3 이상 + 세입자 과반수(토지등소유자 1/2 이하는 생략) 동의
	· 도시저소득주민이 집단거주하는 지역으로서 주거환경을 개선 · 단독주택 및 다세대주택이 밀집한 지역에서 정비기반시설 등의 확충을 통하여 주거환경을 보전·정비·개량			
재개발 사업	열악	밀집	① 관리처분(건축물) ② 환지	조합 또는 토지등소유자(20인 미만인 경우) 단독 또는 공동(시장·군수 등, 토지주택공사 등, 건설사업자·등록사업자, 신탁업자, 한국부동산원)
	· 주거환경을 개선 · 상업·공업지역 등에서 상권활성화 등 도시환경을 개선 ✎ **공공재개발**: 시장·군수 등, 토지주택공사 등이 시행자 + 일반분양분의 20% 이상 50% 이하에서 지분형주택, 임대주택으로 공급			
재건축 사업	양호	공동주택이 밀집	관리처분(주택·오피스텔) ✎ **오피스텔**: 준주거·상업지역에서 전체 연면적 30% 이하	조합 단독 또는 공동(시장·군수 등, 토지주택공사 등, 건설사업자·등록사업자)
	· 주거환경을 개선 ✎ **공공재건축**: 시장·군수 등, 토지주택공사 등이 시행자 + 종전 세대수 160% 이상 건설·공급			

2. 토지등소유자: ① 주거환경개선사업·재개발사업 - 정비구역에 위치한 토지 또는 건축물의 소유자 또는 지상권자, ② 재건축사업 - 정비구역에 위치한 건축물 및 부속토지의 소유자

3. 노후·불량건축물
   (1) 건축물이 훼손되거나 일부가 멸실되어 붕괴, 그 밖의 안전사고의 우려가 있는 건축물
   (2) 내진성능이 확보되지 않은 건축물
   (3) 주거환경이 불량한 곳에 위치 + 새로 건설하는 경우 효용의 현저한 증가가 예상되는 건축물: 준공일 기준으로 ④0년까지 ⓢ용하기 위한 보수·보강비용이 철거 후 새로이 건설하는 데 드는 비용보다 클 것으로 예상되는 건축물
   (4) 도시미관을 저해하거나 노후화된 건축물: 준공된 후 20년 이상 30년 이하의 범위에서 조례로 정하는 기간이 지난 건축물

4. 정비기반시설: 도로·상하수도·구거(도랑), 공원, 공용주차장, 공동구, 열·가스 등의 공급시설, 녹지·하천·공공공지, 광장 등

5. 공동이용시설: 놀이터·마을회관·공동작업장, 구판장·세탁장, 탁아소·어린이집·경로당 등

6. 시장·군수 등: (특별자치시장·특별자치도지사), 시장·군수·구청장
   토지주택공사 등: 한국토지주택공사 또는 지방공사

7. 정관 등: ① 조합 - 정관, ② 토지등소유자 - 규약, ③ 시장·군수 등, 토지주택공사 등, 신탁업자 - 시행규정

💡 **정비사업조합**: 설립의무. 다만, 재개발사업은 예외

1. 추진위원회
   (1) 구성: 정비구역지정·고시 후 5명 이상 위원(위원장 포함) + 토지등소유자 과반수 동의 + 시장·군수 등의 승인 → 추진위원장 1명과 감사(이사x)
   (2) 업무: 정비사업전문관리업자의 선정, 설계자의 선정, 개략적인 사업시행계획서의 작성, 조합설립인가를 받기 위한 준비업무 등

2. 설립인가: 시장·군수 등 → 변경시 조합원 2/3 이상 찬성 + 변경인가. 다만, 경미한 변경은 신고
   (1) 재개발사업: 토지등소유자④분의③이상 + 토지면적②분의①이상 동의
   (2) 재건축사업: 동별 구분소유자 과반수 + 전체 구분소유자 및 토지면적 4분의 3 이상 동의. 다만, 주택단지가 아닌 지역은 토지 또는 건축물소유자④분의③이상 + 토지면적③분의②이상 동의

3. 설립등기(의무): 설립인가 후 30일 이내 → 성립(사단법인)

4. 조합원: 토지등소유자(재건축사업은 동의한 자만 해당)
   ✎ 투기과열지구의 재건축사업은 조합설립인가 후, 재개발사업은 관리처분계획인가 후 조합원 지위 양도x(상속·이혼은 제외)

5. 임원(필수적): 조합장[거주(선임일~관리처분계획인가일)]1명,이사(3명이상),감사 - 임기 3년 이하(연임O), 다른 조합의 임·직원 겸직 금지
   (1) 자격요건: 조합원으로서 건축물 또는 토지의 소유자(공유는 가장 많은 지분) 중 5년 이상 건축물이나 토지 소유 or 1년 이상 거주
   (2) 임원이 결격사유(제한능력자, 파산자 등)에 해당하게 되거나 자격요건을 갖추지 못하면 당연퇴임. 다만, 퇴임 전의 행위는 효력을 잃지 않는다.

6. 총회(필수적): 조합장 or 조합원 1/5(임원의 해임 등은 1/10) 이상 요구로 조합장이 소집 → 조합원 10% 이상 직접 출석. 다만, 시공자 선정은 과반수가 직접 출석, 시공자 선정 취소와 사업시행계획서·관리처분계획은 조합원 20% 이상 직접 출석
   ✎ 정관 변경: 조합원 과반수(조합원의 자격·제명·탈퇴·교체, 정비구역의 위치·면적 등은 2/3 이상) 찬성 + 인가

7. 대의원회(필수적): 조합원 100명 이상 → 대의원회는 조합원 1/10 이상
   (1) 조합장이 아닌 임원(이사·감사)은 대의원x
   (2) 총회권한대행 제외사항: ①ⓖ관변경, ②ⓢ업시행계획, ③ⓖ리처분계획, ④ⓘ원의 선임·해임, ⑤ⓗ병·해산(사업완료는 제외)

💡 **주민대표회의**: 시장·군수 등, 토지주택공사 등이 시행

1. 구성의무: 정비구역지정·고시 후 토지등소유자 과반수 동의 + 시장·군수 등의 승인 → 위원장·부위원장 각 1명과 감사(이사x)
2. 구성원: 5명 이상 25명 이하 → 시행자에게 의견제시

[정비기본계획] ⟶ **[정비계획]** ⟶ 도시계획위원회의 심의 **[정비구역]** 지정·고시 ⇨ 보고(국토부장관), 열람

정비기본계획

1. **수립의무**: 특별시장·광역시장·시장(도지사가 수립할 필요가 없다고 인정하는 대도시가 아닌 시는 예외○) - 10년 단위로 수립 + 5년마다 타당성 검토
   *대도시가 아닌 시장은 도지사의 승인
2. **내용**: ① 정비사업의 기본방향·계획기간, ② 정비예정구역의 개략적 범위, ③ 단계별 정비사업추진계획, ④ 건폐율·용적률 등 건축물의 밀도계획, ⑤ 세입자의 주거안정대책 등
3. **절차**: 주민공람(14일 이상) ⇨ 지방의회 의견청취(60일 이내에 의견제시) ⇨ 협의·심의 ⇨ 수립·보고(국토부장관), 열람
   🖋 경미한 변경은 절차 생략 가능
      ① 정비기반시설의 규모 확대 또는 10% 미만의 축소
      ② 정비사업의 계획기간의 단축
      ③ 정비예정구역의 면적 20% 미만의 변경 등
4. **작성기준**: 국토부장관이 정함

💡 **시행자**
   (1) **시장·군수 등, 토지주택공사 등**: 주거환경개선사업
   (2) **조합(원칙)** - 조합설립인가 후 총회에서 경쟁입찰(다만, 100인 이하는 정관)의 방법으로 건설사업자·등록사업자를 시공자 선정
   (3) **토지등소유자(재개발사업)** - 사업시행계획인가 후 규약에 따라 건설사업자·등록사업자를 시공자 선정
   (4) **재개발·재건축사업의 공공시행자**
      ① 천재지변 등 긴급하게 정비사업을 시행할 필요가 있다고 인정하는 때
      ② 정비계획에서 정한 정비사업시행예정일부터 2년 이내에 사업시행계획인가 신청×(재건축사업은 제외)
      ③ 추진위원회가 승인을 받은 날부터 3년 이내에 조합설립인가 신청× or 조합이 설립인가를 받은 날부터 3년 이내에 사업시행계획인가 신청×
      ④ 정비구역의 국·공유지 면적이 전체 토지면적의 1/2 이상 + 토지소유자의 과반수가 동의하는 때
      ⑤ 순환정비방식 등

정비계획

1. **입안권자**: 구청장·광역시의 군수(구청장 등)는 정비계획을 입안하여 특별시장·광역시장에게 정비구역 지정 신청. 다만, 시장 또는 군수(도)는 정비계획을 입안하여 직접 정비구역 지정
2. **입안제안**: 토지등소유자 → 입안권자
   ① 정비계획 입안시기가 지난 경우
   ② 토지주택공사 등을 사업시행자로 지정 요청하려는 경우
   ③ 토지등소유자 2/3 이상의 동의로 정비계획 변경을 요청하는 경우
   ④ 공공재개발사업 또는 공공재건축사업을 추진하려는 경우 등
3. **내용**: ① 정비사업의 명칭, 정비구역의 위치·면적, ② 도시·군계획시설의 설치, ③ 건축물의 주용도·건폐율·용적률·높이, ④ 세입자의 주거대책, ⑤ 지구단위계획에 관한 사항 등
4. **절차**: 주민 서면통보, 주민설명회 및 주민공람(30일 이상) ⇨ 지방의회 의견청취(60일 이내에 의견제시) ⇨ 입안
5. **재건축사업의 안전진단**
   (1) **안전진단의 실시**: 입안권자 - 정비계획 수립시기가 도래한 때(원칙). 토지등소유자 1/10 이상의 동의를 받아 요청하는 경우(비용부담)
   (2) **대상**: 주택단지의 건축물. 다만, 주택 붕괴나 구조안전상 사용금지가 필요한 경우 등은 제외
   (3) **안전진단 실시 여부의 결정(사전결정)**: 입안권자(현지조사) ⇨ 안전진단 실시(안전진단전문기관, 국토안전관리원, 한국건설기술연구원)
   (4) **정비계획 입안 여부의 결정(종국결정)**: 입안권자(안전진단결과, 도시계획, 지역여건 등 종합 검토) ⇨ 특별시장·광역시장·도지사에게 보고(적정성 검토) ⇨ 취소요청

정비구역

1. **지정권자**: 특별시장·광역시장·시장 또는 군수(광역시는 제외)
2. **지정효과**
   (1) 지구단위계획구역과 지구단위계획 결정·고시 의제   대수선×
   (2) **행위제한**: 건축물(가설건축물 포함)의 건축·용도변경, 공작물의 설치, 토지형질변경, 토석채취, 토지분할, 물건을 1개월 이상 쌓아놓는 행위와 죽목의 벌채·식재는 시장·군수 등의 허가. 다만, 응급조치·안전조치, 경미한 행위는 예외
      🖋 기득권 보호: 공사·사업에 착수한 자 + 30일 이내 신고
   (3) **행위의 소급제한**: 국토부장관, 시·도지사, 시장·군수·구청장은 기본계획을 공람 중인 정비예정구역이나 정비계획을 수립하는 지역에 3년 이내(1년 연장○)로 다음의 행위제한 가능 → ① 건축물의 건축, ② 토지 분할, ③ 집합건축물대장으로 전환, ④ 집합건축물의 전유부분 분할
   (4) 지역주택조합의 조합원 모집제한
3. **지정해제(의무적)** → 용도지역·정비기반시설 등이 환원, 자율주택정비방법으로 시행하는 주거환경개선구역으로 지정 가능
   ① 정비구역 지정 예정일부터 3년 이내에 정비구역 지정×
   ② 토지등소유자가 정비구역 지정·고시일부터 2년 이내에 추진위원회의 승인 신청×
   ③ 추진위원회가 승인일부터 2년 이내에 조합설립인가 신청×
   ④ 조합이 설립인가일부터 3년 이내에 사업시행계획인가 신청×
   ⑤ 토지등소유자가 시행하는 재개발사업으로서 정비구역지정·고시일부터 5년 이내에 사업시행계획인가 신청×
   *직권해제(임의적)
      1. 토지등소유자 30% 이상이 해제 요청(추진위 구성×)
      2. 토지등소유자 과반수가 해제 요청(추진위 구성○)

사업시행계획인가 → 분양신청 → **관리처분계획인가** → 철거·공사 ⇨ 준공인가·공사완료의 고시 → **이전·고시** → 등기 ⇨ 청산

1. **절차**: 사업시행계획서 작성(시행자) ⇨ 총회의결 ⇨ 사업시행계획인가·고시(시장·군수 등, 60일 이내). 변경·중지·폐지 ○. 다만, 경미한 변경은 신고
2. **내용**: ① 정비기반시설의 설치, ② 용적률·높이 등 건축계획, ③ 주민 및 세입자 이주대책, ④ 임대주택 건설계획(재건축×) 등
3. **정비사업 시행을 위한 조치**
   (1) **임시거주 조치 의무**: 주거환경개선사업·재개발사업의 시행자 → 국가·지자체의 토지·건축물(국·공유지)의 무상사용(국가·지자체는 정당한 사유 없이 거절×), 공공단체·개인의 토지·건축물(사유지)은 보상
   (2) **토지 등의 수용·사용**(재건축사업은 천재·지변에 한정): 「공취법」 준용
       ① **사업인정·고시 의제**: 사업시행계획인가·고시
       ② **재결신청기간 연장**: 사업시행기간 이내
       ③ **사후현물보상 가능**: 준공인가 후 대지·건축물로 보상
   (3) **매도청구**: 재건축사업의 시행자 → 조합설립에 동의하지 않은 자와 건축물 또는 토지만 소유한 자의 건축물·토지 등
       회답촉구(사업시행계획인가·고시일부터 30일 이내) ⇨ 회답(2개월 이내× → 부동의 간주) ⇨ 2개월 이내 매도청구
   (4) **지상권 등 계약의 해지**: 정비사업의 시행으로 지상권·전세권 또는 임차권의 설정목적을 달성할 수 없는 경우 해지 가능 ⇨ 시행자에게 금전반환청구 ⇨ 시행자의 구상 ⇨ 불응시 분양받을 대지·건축물 압류(저당권과 동일)
       「민법」, 「주택임대차보호법」, 「상가건물 임대차보호법」상 존속기간 적용 배제: 관리처분계획의 인가 후

1. **분양신청 통지·공고**: 사업시행계획인가·고시 후 (120)일 이내
   (1) **분양신청기간**: 통지한 날부터 (30)일 이상 (60)일 이내(20일의 범위에서 1회 연장 가능)
   (2) **손실보상**: 분양신청을 하지 않은 자 등의 토지·건축물 등은 관리처분계획인가·고시 다음 날부터 (90)일 이내 협의 → 협의 불성립시 기간 만료일의 다음 날부터 60일 이내 수용재결 신청 또는 매도청구소송 제기
2. **절차**: 분양신청기간 종료 후 관리처분계획 수립(시행자) ⇨ 공람(30일 이상) ⇨ 인가·고시(시장·군수 등, 30일 이내). 변경·중지·폐지 ○. 다만, 경미한 변경은 신고
3. **내용**: ① 분양설계(분양신청기간 만료일 기준), ② 분양대상자의 주소·성명, ③ 분양예정인 대지·건축물의 추산액(분양가), ④ 보류지 등의 명세·추산액(일반 분양분), ⑤ 종전 토지·건축물의 명세와 가격(종전가 - 사업시행계획인가·고시일 기준), ⑥ 정비사업비 추산액과 조합원의 부담규모·시기(재건축부담금 포함), ⑦ 종전 토지·건축물의 소유권 외의 권리명세 등
4. **기준**(≒ 환지계획): 면적·이용상황·환경 등, 증·감환지, 입체환지
   (1) **환지부지정**: 너무 좁은 토지 또는 건축물을 취득한 자나 정비구역 지정 후 분할된 토지 또는 집합건물의 구분소유권을 취득한 자에게는 현금청산 가능
   (2) **주택공급기준**: 1주택 공급이 원칙
       ① **소유 주택 수만큼 공급**: 과밀억제권역이 아닌 재건축사업(투기과열지구·조정대상지역은 제외), 근로자숙소·기숙사용도, 국가·지자체·토지주택공사 등
       ② **종전가 또는 종전 주거전용면적의 범위에서 2주택 공급**: 1주택은 60m² 이하 → 이전·고시 다음 날부터 3년간 전매×(상속은 제외)
       ③ **3주택까지 공급**: 과밀억제권역의 재건축사업(투기과열지구·조정대상지역은 제외)
5. **건축물의 공급**: 관리처분계획에 따라 공급
   (1) **재개발임대주택의 인수의무**: 국토부장관, 시·도지사, 시장·군수·구청장, 토지주택공사 등(시·도지사, 시장·군수·구청장이 우선 인수) → (90)m² 미만 나대지 또는 (40)m² 미만 (사)실상 주택 소유자가 요청하는 경우 토지임대부 분양주택으로 전환 공급
   (2) **지분형주택**: 토지주택공사 등인 시행자 → 주거전용면적 60m² 이하, 10년 이내에서 공동소유

1. **종전 토지 또는 건축물의 사용·수익 정지**: 관리처분계획인가·고시일부터 이전고시가 있는 날까지. 다만, 시행자의 동의를 받은 경우 등은 예외
2. **정비구역 해제**: 준공인가의 고시일(관리처분방법은 이전·고시일)의 다음 날로 해제 → 조합의 존속에 영향×
3. **소유권 이전·고시(분양처분)** 청산까지 해야 해산
   (1) **시기**: 공사완료 고시 후 지체 없이 대지확정(측)량·토지(분)할 ⇨ 분양대상자에게 (통)지 ⇨ 소유권 (이)전·고시 ⇨ 보고
   (2) **효과**: 이전·고시일의 다음 날에 분양받을 대지·건축물의 소유권 취득, 청산금의 확정
   (3) **조합의 해산**: 조합장은 이전·고시가 있은 날부터 1년 이내에 조합 해산을 위한 총회 소집 의무
4. **분양등기**: 이전·고시가 있은 후 지체 없이 시행자가 촉탁·신청(의무) → 타등기 제한
5. **청산금**: 종전가와 분양가의 차액
   (1) **징수·지급**: 이전·고시 후. 다만, 정관이나 총회의결을 거쳐 따로 정한 경우 분할징수·분할지급 가능(관리처분계획인가 후~이전·고시일)
   (2) **징수 위탁**: 납부× ⇨ 시장·군수 등에게 징수 위탁 ⇨ 강제징수 ⇨ 수수료(징수금액 4/100) 교부
   (3) **소멸시효**: 이전·고시일의 다음 날부터 5년

💡 **비용부담**
1. **시행자 부담(원칙)**: 시장·군수 등은 정비기반시설, 임시거주시설의 건설비용의 전부 또는 일부를 부담할 수 있다.
2. **공동구 설치비용**: 사업시행자는 공동구에 수용될 시설을 설치할 의무가 있는 자(점용예정자)에게 설치비용을 부담시킬 수 있다. → 공동구 점용예정자는 공동구의 설치공사가 착수되기 전에 부담금액의 1/3 이상 납부, 잔액은 공사완료 고시일 전까지 납부

PART 4 건축법

적용대상물 건축물, 대지, 건축설비, 공작물

1. **건축물**: 토지에 정착하는 공작물 중 ① 지붕과 기둥 또는 벽이 있는 것, ② 이에 딸린 시설물(대문·담장 등), ③ 지하 또는 고가의 공작물에 설치하는 사무소·공연장·점포·차고·창고
   (1) **적용배제**: ① 지정 또는 임시지정 문화유산, 천연기념물 등(명승, 시·도자연유산, 자연유산자료), ② 철도의 선로부지에 있는 시설(운전보안시설, 보행시설, 플랫폼, 급수·급탄·급유시설), ③ 고속도로 통행료 징수시설, ④ 컨테이너를 이용한 간이창고(공장부지의 이동이 쉬운 것), ⑤ 하천구역 내의 수문조작실
   (2) **고층건축물**: 30층 이상 또는 높이 120m 이상, 초고층건축물: 50층 이상 또는 높이 200m 이상
   (3) **다중이용 건축물**: ① 문화·집회시설(동·식물원은 제외), 종교시설, 판매시설, 운수시설, 의료시설, 숙박시설로 쓰는 바닥면적 합계가 5천m² 이상 또는 ② 16층 이상
   (4) **특수구조 건축물**: ① 보·차양 등이 외벽 중심선으로부터 3m 이상 돌출 또는 ② 기둥과 기둥 사이의 거리가 20m 이상

2. **건축물의 용도(30개)**
   (1) **단독주택**: ① 단독주택, ② 다중주택(다수인 거주 + 독립주거× + 3개 층 이하·660m² 이하), ③ 다가구주택(3개 층 이하 + 660m² 이하 + 19세대 이하), ④ 공관
   (2) **공동주택**: ① 아파트(5개 층 이상), ② 연립주택(4개 층 이하 + 660m² 초과), ③ 다세대주택(4개 층 이하 + 660m² 이하), ④ 기숙사
   (3) **제1종 근린생활시설**: ① 소매점(1천m² 미만), ② 휴게음식점(300m² 미만), ③ 이용원·미용원·목욕장·세탁소, ④ 의원·안마원·산후조리원, ⑤ 지역자치센터(1천m² 미만), ⑥ 부동산중개사무소(30m² 미만), ⑦ 동물병원·동물미용실(300m² 미만)
   (4) **제2종 근린생활시설**: ① 공연장(500m² 미만), ② 종교집회장(500m² 미만), ③ 자동차영업소(1천m² 미만), ④ 서점(1천m² 이상), ⑤ 일반음식점, ⑥ 독서실, ⑦ 부동산중개사무소(500m² 미만), ⑧ 단란주점(150m² 미만), ⑨ 안마시술소·노래연습장, ⑩ 주문배송시설(500m² 미만)
   (5) **문화 및 집회시설**: 공연장·집회장(500m² 이상), 관람장·전시장, 동·식물원
   (6) **교육연구시설**: 유치원·학교, 학원, 도서관
   (7) **위락시설**: 유흥주점, 무도학원·무도장, 카지노
   (8) **관광·휴게시설**: 야외음악당·야외극장, 어린이회관, 관망탑, 휴게소
   (9) **자동차 관련 시설**: 주차장·세차장·폐차장, 운전학원·정비학원

3. **대지**: 각 필지로 나눈 토지(1필지=1대지). 다만, ① 둘 이상의 필지를 하나의 대지(합병조건)로 하거나, ② 하나 이상 필지의 일부를 하나의 대지(분할조건)로 할 수 있다.

4. **건축설비**: ① 승강기 설치(6층 이상으로서 연면적 2천m² 이상인 건축물), ② 비상용승강기 추가설치(높이 31m를 초과하는 건축물)

5. **공작물의 축조신고**: ① 높이 6m를 넘는 굴뚝·철탑, ② 높이 4m를 넘는 광고탑, 장식탑·기념탑·첨탑, ③ 높이 8m를 넘는 고가수조, ④ 높이 2m를 넘는 담장·옹벽, ⑤ 바닥면적 30m²를 넘는 지하대피호, ⑥ 높이 8m 이하의 기계식·철골조립식 주차장

적용대상행위 건축, 대수선, 용도변경

1. **건축**: 건축물을 신축·증축·개축·재축하거나 이전하는 것

신축	① 건축물이 없는 대지에 새로이 건축물을 축조하는 것
	② 부속건축물만 있는 대지에 새로 주된 건축물을 축조하는 것
	③ 기존 건축물이 전부 해체나 멸실된 대지에서 종전 규모를 초과하여 축조하는 것
증축	기존 건축물이 있는 대지에서 건축물의 면적·층수 또는 높이를 늘리는 것
개축	기존 건축물의 전부나 일부(내력벽·기둥·보·지붕틀 중 셋 이상 포함)를 해체하고 그 대지에 종전과 같은 규모의 범위에서 다시 축조하는 것
재축	건축물이 천재지변 등 재해로 멸실된 경우에 그 대지에 종전과 같은 규모의 범위에서 다시 축조하는 것. 다만, 동수, 층수 및 높이의 어느 하나가 종전 규모를 초과하는 경우 건축법령에 모두 적합할 것 (연면적 합계는 종전 규모 이하)
이전	건축물의 주요구조부를 해체하지 않고 같은 대지의 다른 위치로 옮기는 것

2. **대수선**: 구조·외부형태의 수선·변경 또는 증설 + 증축·개축 또는 재축에 해당하지 않는 다음의 행위
   ① **내력벽, 외벽 마감재료**: 증설 또는 해체 / 각 30m² 이상 수선 또는 변경
   ② **기둥, 보, 지붕틀**: 증설 또는 해체 / 각 3개 이상 수선 또는 변경
   ③ **방화벽, 방화구획을 위한 바닥·벽**: 증설 또는 해체, 수선 또는 변경
   ④ **주계단·피난계단·특별피난계단**: 증설 또는 해체, 수선 또는 변경
   ⑤ **다가구주택·다세대주택의 경계벽**: 증설 또는 해체, 수선 또는 변경

3. **기타 용어**
   (1) **리모델링**: 건축물의 노후화 억제 또는 기능 향상을 위해 대수선하거나 건축물의 일부를 증축 또는 개축하는 행위
   (2) **주요구조부**: 내력벽, 기둥, 바닥, 보, 지붕틀 및 주계단. 다만, 사이 기둥, 최하층 바닥, 작은 보, 차양, 옥외계단은 제외
   (3) **지하층**: 바닥이 지표면 아래 + 바닥에서 지표면까지의 평균높이가 해당 층 높이의 1/2 이상인 것
      → ① 층수에서 제외, ② 지하층의 바닥면적은 연면적에 포함하되 용적률을 산정할 때에는 제외, ③ 단독주택·공동주택 등의 지하층에 거실×(부속용도는 제외)

4. **전면적 적용대상지역**: ① 도시지역, ② 지구단위계획구역, ③ 동·읍의 지역

사전결정의 신청 → 건축주와의 계약 → 설계 → 허가신청 → 사전승인 → 건축허가 → 착공 → 시공·감리 → 사용승인 → 사용 → 유지·관리

(상단: 사전결정의 신청 ~ 허가신청 사이 "2년", 허가신청 ~ 건축허가 사이 "2년")

1. 사전결정의 신청: 허가대상 건축물을 건축하려는 자 → 허가권자

(1) 의제: ① ㉐발행위허가, ② ㉛지전용허가(보전산지는 도시지역만), ③ ㉥지전용허가, ④ ㉮천점용허가

(2) 실효: 사전결정의 통지를 받은 날부터 2년 이내에 건축허가 신청×

2. 건축허가

(1) 허가대상·허가권자: 건축물의 건축 또는 대수선

① 원칙: (특별자치시장·특별자치도지사), 시장·군수·구청장의 허가

② 예외: 특별시장·광역시장의 허가 - 21층 이상 또는 연면적 10만m² 이상인 건축물(공장·창고는 제외)

✎ 허가 전 안전영향평가: 초고층건축물, 16층 이상이고 연면적 10만m² 이상 건축물

(2) 사전승인: 시장·군수 → 도지사의 승인

① 21층 이상 또는 연면적 10만m² 이상인 건축물(공장·창고는 제외)

② ㉛연환경·㉒질보호: ③층 이상 또는 연면적 1㉜m² 이상 + 위락시설, 숙박시설, 공동주택, 일반음식점, 일반업무시설

③ 주거환경·교육환경보호: 위락시설, 숙박시설

(3) 허가의 거부: 위락시설·숙박시설이 주거환경·교육환경 등 주변환경에 부적합 ⇨ 건축위 심의

(4) 허가의 취소(필수적): 2년 이내 착수×(1년 연장 가능), 공사완료 불가능

(5) 대지소유권 확보 예외: 대지사용권 확보(분양목적의 공동주택은 제외), 공유자 80% 이상의 동의 → 건축허가시 동의하지 않은 공유자의 지분에 대하여 매도청구 가능(시가, 3개월 이상 사전 협의)

(6) 건축허가의 제한: 2년 이내 + 1회 1년 연장 가능, 주민의견청취 후 건축위 심의 → 허가권자에게 통보·공고

① 국토부장관: 국토 관리, 주무부장관이 요청(국방, 국가유산, 환경, 국민경제) → 허가권자

② 특별시장·광역시장·도지사: 지역계획, 도시·군계획 → 시장·군수·구청장

✎ 시·도지사는 즉시 국토부장관에게 보고 → 국토부장관은 제한이 지나치다고 인정하면 해제명령

3. 건축신고: 시장·군수·구청장 - 1년 이내 착수×(1년 연장 가능) → 실효

(1) 바닥면적 합계 ㉧5m² 이내의 ㉐축·개축·재축

(2) 관리·농림·자연환경보전지역(지구단위계획구역×) + 연면적 200m² 미만 + 3층 미만인 건축물의 건축

(3) 대수선: ① 연면적 200m² 미만이고 3층 미만인 건축물의 대수선, ② 주요구조부의 해체없이 수선만 하는 대수선

(4) 기타: ① 연면적 ㉑00m² 이하인 건축물의 ㉛축, ② 높이 3m 이하의 증축

4. 가설건축물: 시장·군수·구청장

(1) 건축허가: 도시·군계획시설부지 - ① 4층 이상×, ② 철근콘크리트조×, ③ 존치기간 3년 이내(연장 가능), ④ 전기·가스·수도 등 설치×, ⑤ 분양목적×

(2) 축조신고: 허가대상 이외 재해복구·흥행·전람회·공사용 가설건축물, 견본주택 등 - 존치기간 3년 이내(연장 가능)

5. 건축절차

(1) 안전관리예치금: 연면적 1천m² 이상인 건축물은 건축공사비 1%의 범위 → 건축공사현장 방치시 개선명령 → 불응시 행정대집행

(2) 사용승인: 허가·신고대상 건축물, 허가대상 가설건축물

① 신청: 건축주(감리완료보고서·공사완료도서 첨부) → 허가권자

② 기간: 7일 이내에 현장검사 실시해서 합격시 사용승인서 교부 → 건축물 사용 가능, 준공검사 등 의제

③ 임시사용승인: 2년 이내 + 대형건축물 등은 연장 가능

6. 건축물의 용도변경: (특별자치시장·특별자치도지사), 시장·군수·구청장의 허가·신고

시설군	세부 시설
㉔동차관련시설군	자동차 관련 시설
㉛업등시설군	① 운수시설, ② 공장, ③ 창고, ④ 위험물저장·처리시설, ⑤ 자원순환 관련 시설, ⑥ 묘지 관련 시설, ⑦ 장례시설
㉠기·통신시설군	① 방송통신시설, ② 발전시설
㉓화·집회시설군	① ㉓화·집회시설, ② ㉢교시설, ③ ㉑락시설, ④ 관광·휴게시설
㉓업시설군	① ㉣매시설, ② ㉒동시설, ③ ㉑박시설, ④ 다중생활시설(2종 근생)
㉐육·복지시설군	① ㉑료시설, ② ㉐육연구시설, ③ ㉐유자시설, ④ ㉒련시설, ⑤ ㉒영장시설
㉒린생활시설군	① 제1종 근린생활시설, ② 제2종 근린생활시설
㉣거·업무시설군	① 단독주택, ② 공동주택, ③ 업무시설, ④ 교정시설, ⑤ 국방·군사시설
㉐타시설군	동·식물 관련 시설

(우측: 위에서부터 "허가", 아래로 "신고", 하단 화살표 "건축물대장 기재내용 변경신청")

✎ 준용: 허가·신고대상 + ㉑00m² 이상 → ㉙용승인 / 허가대상 + ㉙00m² 이상 → ㉐축사 설계

대지 관련 기준

대지

1. 조경의무: 200m² 이상인 대지. 다만, ① 녹지지역, 관리·농림·자연환경보전지역(지구단위계획구역×), ② 공장(대지면적 5천m² 미만, 연면적 1,500m² 미만, 산업단지), ③ 연면적 1,500m² 미만인 물류시설(주거·상업지역×), ④ 축사, ⑤ 허가대상 가설건축물 등은 제외

2. 공개공지 설치의무(필로티 구조○)
   (1) 대상: ⑪반주거지역, ⑤주거지역, ⑧업지역, ⑥공업지역 + ⑧화집회시설, ⑧교시설, ⑧매시설(농수산물유통시설×), ⑥수시설(여객용시설×), ⑧무시설, ⑥박시설로 쓰는 바닥면적 합계 5천m² 이상인 건축물
   (2) 설치기준: 대지면적 10/100 이하 → 연간 60일 이내로 문화행사·판촉활동 가능
   (3) 완화적용: 용적률과 건축물의 높이제한 1.2배 이하의 범위

3. 대지분할제한면적: ① 주거지역 - 60m², ② 상업·공업지역 - 150m², ③ 녹지지역 - 200m², ④ 기타 - 60m² 미만

도로

1. 요건: ① 보행과 자동차통행이 가능 + ② 너비 4m 이상 + ③ 도로·예정도로 → 「국토법」, 「도로법」 등 관계 법령에 따라 신설·변경의 고시 또는 허가권자가 지정·공고

2. 대지와 도로의 관계(접도의무): 대지는 도로(자동차만의 통행×)에 2m 이상 접해야 함. 다만, ① 출입에 지장이 없는 경우, ② 광장·공원 등 건축이 금지되고 공중의 통행에 지장이 없는 공지가 있는 경우, ③ 농막은 예외 → 연면적 ②천m²(공장은 3천m²) 이상인 건축물의 대지는 너비 ⑥m 이상의 도로에 ④m 이상 접해야 함

건축선

1. 위치: 대지와 도로의 경계선이 원칙. 다만, 다음의 경우에는 대지 안쪽으로 후퇴
   (1) 소요너비 미달도로: 중심선으로부터 그 소요너비의 1/2의 수평거리만큼 물러난 선. 다만, 반대쪽에 하천·철도·경사지 등이 있는 경우에는 하천 등이 있는 쪽의 도로 경계선에서 소요너비에 해당하는 수평거리의 선

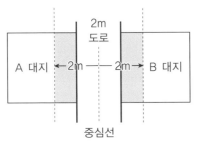 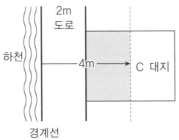

* 건축선과 도로 사이의 면적(후퇴된 부분)은 대지면적에서 제외

   (2) 지정건축선: 시장·군수·구청장이 건축물의 위치나 환경 정비 - 도시지역에서 4m 이하(대지면적에 포함)

2. 건축제한: 수직면 월선금지(건축물과 담장, 지표 아래는 제외), 개폐시 월선금지(도로면에서 높이 4.5m 이하의 출입구, 창문 등)

건축물 관련 기준

구조·재료

1. 구조안전확인서의 제출(= 내진능력 공개)
   ① 층수가 2층(목구조는 3층) 이상, ② 연면적 200m²(목구조는 500m²) 이상, ③ 높이가 13m 이상, ④ㅊ마높이가 ⑨m 이상, ⑤ ⑦둥과 기둥 사이의 거리가 ⑩m 이상, ⑥ 단독주택 및 공동주택 등

2. 방화지구: 건축물의 주요구조부와 외벽·지붕은 내화구조, 지붕 위에 설치하거나 높이 3m 이상인 공작물의 주요부는 불연재료

3. 피난시설 등
   ① 피난안전구역: 초고층건축물 - 지상층에서 30개 층마다 1개소 이상
   ② 헬리포트: 11층 이상 + 11층 이상인 층의 바닥면적 합계가 1만m² 이상인 건축물의 옥상 - 평지붕은 헬리포트, 경사지붕은 대피공간

크기제한

1. 건폐율: 대지면적에 대한 건축면적의 비율(건축면적/대지면적 × 100)
2. 용적률: 대지면적에 대한 연면적의 비율(연면적/대지면적 × 100)

*건폐율·용적률의 최대한도는 「국토법」에 따르되, 「건축법」에서 완화 또는 강화 적용 가능

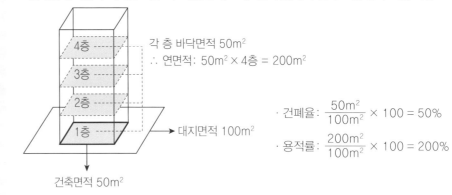

각 층 바닥면적 50m²
∴ 연면적: 50m² × 4층 = 200m²

· 건폐율: $\frac{50m^2}{100m^2} \times 100 = 50\%$

· 용적률: $\frac{200m^2}{100m^2} \times 100 = 200\%$

건축면적 50m²

높이제한

1. 건축물의 높이제한: 허가권자가 가로구역별로 높이 지정 → 건축위 심의

2. 일조·채광 등의 확보
   (1) 전용주거·일반주거지역: 모든 건축물
      ① 원칙: 정북방향 인접 대지경계선으로부터 이격 → 높이 10m 이하는 1.5m 이상, 높이 10m 초과 부분은 높이의 1/2 이상

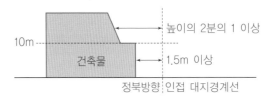

높이의 2분의 1 이상
10m
건축물
1.5m 이상
정북방향 인접 대지경계선

      ② 예외: 정남방향 - 택지개발지구, 도시개발구역, 정비구역 등
   (2) 공동주택: 일반상업·중심상업지역은 제외
   (3) 적용제외: 2층 이하로서 높이 8m 이하인 건축물

면적·높이·층수 등의 산정방법

대지 면적	대지의 수평투영면적. 다만, 대지에 건축선(소요너비 미달도로에서 건축선 후퇴)이나 도시·군계획시설 (도로·공원 등)이 있는 경우 그 부분은 대지면적에서 제외
건축 면적	건축물의 외벽 또는 외관기둥의 중심선의 수평투영면적. 다만, ① 지표면으로부터 1m 이하의 부분, ② 지상층의 보행통로·차량통로, ③ 지하주차장 경사로, ④ 생활폐기물 보관시설 등은 제외
★**바닥 면적**	건축물의 각 층 또는 그 일부로서 벽, 기둥의 중심선의 수평투영면적 ① 벽·기둥의 구획x: 지붕 끝부분으로부터 수평거리 1m를 후퇴한 선 ② 노대(발코니) 등: 노대 등의 면적에서 노대 등이 접한 가장 긴 외벽길이에 1.5m를 곱한 값을 뺀 면적 을 산입 ③ 필로티 구조: 공중의 통행이나 차량의 통행, 주차에 전용, 공동주택은 제외 ④ 승강기탑·계단탑·장식탑, 다락[층고가 1.5m(경사진 지붕은 1.8m) 이하는 제외] ⑤ 공동주택의 지상층에 설치하는 기계실, 전기실, 놀이터, 조경시설, 생활폐기물 보관시설은 제외
연면적	각 층 바닥면적의 합계. 다만, 용적률 산정시에는 ① 지하층, ② 지상층의 주차용, ③ 초고층건축물의 피난안전구역, ④ 경사지붕 아래 대피공간의 면적은 제외
높이	지표면으로부터 건축물의 상단까지의 높이. 다만, 1층 전체에 필로티가 설치되어 있는 경우에는 높이제한 을 적용할 때 필로티의 층고는 제외
층고	방의 바닥구조체 윗면으로부터 위층 바닥구조체의 윗면까지의 높이
★**층수**	① 승강기탑 등 건축물의 옥상부분(건축면적 1/8 이하)과 지하층은 층수에서 제외 ② 층의 구분이 명확하지 않은 건축물: 높이 4m마다 1층으로 산정 ③ 건축물의 부분에 따라 층수가 다른 경우: 가장 많은 층수

특별건축구역, 건축협정·결합건축, 이행강제금, 건축분쟁의 조정

특별 건축 구역	1. 지정권자: 국토부장관 또는 시·도지사 - 국제행사 개최, 도시개발구역, 정비구역 등 2. 지정제외: ①개발제한구역, ②자연공원, ③접도구역, ④보전산지 3. 지정절차: 건축위 심의 → 지정(도시·군관리계획결정 의제. 다만, 용도지역·지구·구역은 제외) 4. 특례적용 건축물: 국가·지자체, 공공기관이 건축하는 건축물 등 ① 적용배제: 대지의 조경, 건폐율·용적률, 공지, 높이제한 ② 통합적용: 미술작품의 설치, 부설주차장의 설치, 공원의 설치
건축 협정	1. 체결: 지구단위계획구역, 주거환경개선구역 등 → 토지 또는 건축물의 소유자, 지상권자(소유자 등) 전원의 합의 + 인가 2. 폐지: 협정체결자 과반수의 동의 + 인가(20년) → 특례 적용시 20년 이내 폐지 x *용적률 완화시 건축위원회와 도시계획위원회 통합심의
결합 건축	*용적률을 2개 이상의 대지를 대상으로 통합적용하여 건축물을 건축하는 것 상업지역, 역세권개발구역, 주거환경개선구역, 건축협정구역, 특별건축구역, 리모델링활성화구역 등 → 100m 이내 2개의 대지의 건축주가 서로 합의한 경우(30년)
이행 강제금	1. 건축물이 건폐율이나 용적률을 초과하여 건축된 경우 또는 허가를 받지 않거나 신고를 하지 않고 건축된 경우: 시가표준액의 50/100에 위반면적을 곱한 금액 이하에서 위반내용에 따라 다음의 구분 에 따른 비율을 곱한 금액 ① 건폐율 초과: 80/100 ② 용적률 초과: 90/100 ③ 무허가: 100/100 ④ 무신고: 70/100 *연면적 60m² 이하 주거용건축물은 부과금액의 1/2의 범위에서 조례로 정하는 금액 2. 부과절차: 사전계고(문서) ⇨ 부과처분(문서) 3. 부과: 1년에 2회 이내에서 조례로 정하는 횟수만큼 반복부과·징수 → 시정명령 이행시 새로운 부과는 즉시 중지하되, 이미 부과된 이행강제금은 징수
건축 분쟁의 조정	1. 신청: 조정신청은 해당 사건의 당사자 중 1명 이상, 재정신청 은 당사자간의 합의로 신청 2. 기간: 분쟁위원회는 조정신청을 받으면 60일, 재정신청을 받 으면 120일 이내에 절차를 마쳐야 함 3. 위원회: 조정위원회는 3명, 재정위원회는 5명의 위원으로 구성 4. 효력: 당사자가 조정안을 수락하고 조정서에 기명날인하면 조 정서의 내용은 재판상 화해와 동일한 효력을 가짐 *조정안을 제시받은 당사자는 15일 이내에 수락 여부를 조정 위원회에 알려야 함 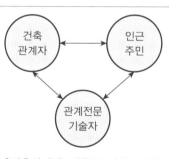 *건축관계자: 건축주, 설계자, 시공자, 감리자

1. 용어정의

(1) **주택**: 주거용 건축물의 전부·일부 + 부속토지

구분	단독주택	단독주택, 다중주택, 다가구주택
	공동주택	공용부분(벽·복도·계단 등) + 전유부분 → ⑩파트, ⑪립주택, 다⑭대주택

세대구분형 공동주택: 주택 내부공간의 일부를 구분 → 구분소유×

1. **사업계획승인**: ① 세대별로 욕실·부엌·현관 설치, ② 세대간에 연결문 또는 경량벽 설치, ③ 세대구분형 공동주택이 주택단지 전체 세대수의 1/3, 전체 주거전용면적 합계의 1/3을 넘지 않을 것
2. **행위허가·신고**: ①②세대 이하(기존 세대 포함), ② 세대별로 욕실·부엌·구분 출입문 설치, ③ 주택단지 전체 세대수의 1/⑩과 해당 동 전체 세대수의 1/③을 각각 넘지 않을 것

공급 대상	**국민주택**	다음에 해당하는 주택 + 국민주택규모[주거전용면적이 1호·1세대당 85m²(수도권을 제외한 도시지역이 아닌 읍·면 지역은 100m²)] 이하인 주택 ① 국가·지자체, 한국토지주택공사 또는 지방공사가 건설하는 주택 ② 국가·지자체의 재정 또는 주택도시기금으로부터 자금을 지원받아 건설·개량되는 주택
	민영주택	국민주택을 제외한 주택

도시형 생활주택 (분양가상한제 ×)	300세대 미만 + 국민주택규모 + 도시지역에 건설하는 주택

(1) **소형 주택**: 다음의 요건을 모두 갖춘 공동주택
　① 세대별 주거전용면적은 60m² 이하, ② 세대별로 욕실·부엌을 설치, ③ 지하층에 설치×
(2) **단지형 연립주택**(소형 주택×): 건축위 심의시 5개 층까지 건축 가능
(3) **단지형 다세대주택**(소형 주택×): 건축위 심의시 5개 층까지 건축 가능

건축제한: 하나의 건축물에는 도시형 생활주택과 그 밖의 주택을 함께 건축할 수 없으며, 단지형 연립주택 또는 단지형 다세대주택과 소형 주택을 함께 건축할 수 없음. 다만, 다음의 경우는 예외
　· 소형 주택과 주거전용면적 85m²를 초과하는 주택 1세대
　· 준주거·상업지역에서 소형 주택과 도시형 생활주택 외의 주택

(2) **준주택**: 주택 외의 건축물과 그 부속토지로서 주거시설로 이용 가능
　→ ①⑦숙사, ②⑪중생활시설, ③⑭인복지주택, ④⑨피스텔
(3) **주택단지**: 철도·고속도로·자동차전용도로, 폭 20m 이상인 일반도로, 폭 8m 이상인 도시계획예정도로로 분리된 경우 각각 별개의 단지로 간주
　① **부대시설**: 주차장, 관리사무소, 담장, 주택단지 안의 도로, 건축설비, 경비실, 방범설비, 자전거보관소
　② **복리시설**: 어린이놀이터, 근린생활시설, 유치원, 주민운동시설, 경로당, 주민공동시설
　③ **기간시설**: 도로·상하수도, 전기·가스·통신시설, 지역난방시설
(4) **공구**: 착공신고 및 사용검사를 별도로 수행할 수 있는 구역 → 공구별 세대수는 300세대 이상, 너비 6m 이상 경계설정
(5) **리모델링**: 노후화 억제, 기능 향상을 위해 대수선(10년) 또는 다음에 해당하는 증축행위
　① 사용검사일부터 ⑮년이 지난 공동주택, ② 각 세대 주거전용면적의 ㉚% 이내, ③ 기존 세대수의 ⑮% 이내로 세대수 증가 가능, ④ 수직증축은 ⑮층 이상은 ③개 층, 14층 이하는 2개 층

2. **사업주체**: 주택건설·대지조성 사업계획승인을 받아 사업을 시행하는 자

등록사업자

(1) **등록의무**: 연간 20호·20세대 이상 주택건설사업 또는 연간 1만m² 이상 대지조성사업을 하려는 자 → 국토부장관에게 등록
(2) **등록기준**: 자본금 3억(개인은 6억) 이상, 기술인 1명 이상, 최근 5년간 100호·세대 이상 건설실적 → 5개 층 이하인 주택만 건설 가능
　시공권(=건설사업자): 자본금 5억(개인은 10억) 이상, 기술인 3명 이상 등
(3) **결격사유**: 제한능력자, 파산자, 등록말소 후 2년×
(4) **필수적 등록말소사유**: ① 거짓·부정한 방법으로 등록, ② 등록증 대여

비등록사업자

(1) **공공사업주체**: 국가·지자체, 한국토지주택공사, 지방공사
(2) **공익법인**
(3) **공동사업주체**: 주택조합(임의적), 고용자(필수적) + 등록사업자

주택조합
① 지역주택조합
② 직장주택조합
③ 리모델링주택조합(법인)

(1) **설립**: 시장·군수·구청장의 설립인가(원칙). 다만, 국민주택을 공급받기 위한 직장조합은 시장·군수·구청장에게 설립신고
　지역·직장조합: 80% 이상 토지사용권 + 15% 이상 토지소유권 확보
　리모델링조합: 전체 구분소유자와 의결권의 각 2/3 이상 + 동별 과반수 결의
(2) **조합원 모집신고**: 50% 이상 토지사용권 확보 + 공개모집 원칙. 다만, 재모집은 신고× + 선착순
(3) **조합원**: 주택건설예정세대수의 50% 이상(원칙) + 최소 20명 이상(설립인가일~사용검사일). 다만, 리모델링조합은 제외
　① **지역조합**: 무주택 or 85m² 이하 주택 1채 소유 세대주 + 6개월 이상 거주 + 본인·배우자 중 복가입 ×
　② **직장조합**: 무주택 or 85m² 이하 주택 1채 소유 세대주 + 같은 직장에 근무 + 본인·배우자 중 복가입 ×. 다만, 설립신고는 무주택 세대주에 한함
　　지역조합과 직장조합은 설립인가 후 조합원의 교체, 신규가입 금지(원칙). 다만, 추가모집의 승인을 받은 경우와 결원[사망(자격요건×)·자격상실, 탈퇴(50% 미만) 등]이 발생한 범위에서 충원하는 경우는 예외 → 조합설립인가 신청일 기준
　③ **리모델링조합**: 공동주택의 소유자, 복리시설의 소유자
(4) **조합주택의 건설**: 설립인가 후 2년 이내 사업계획승인 신청 → 건설한 조합주택은 조합원에게 우선 공급 가능
(5) **해산 여부 등의 결정**: 조합원 모집신고 수리 후 2년 이내 조합설립인가× or 조합설립인가 후 3년 이내 사업계획승인× → 총회 의결(20% 이상 직접 출석)

(6) **토지임대부 분양주택**: 토지의 소유권은 사업시행자가 가지고, 건축물에 대한 소유권은 주택을 분양받은 자가 가지는 주택 → 토지 임대차기간은 40년 이내 + 주택소유자의 75% 이상이 계약갱신을 청구하는 경우 40년의 범위에서 갱신 가능

사업계획승인 ──────── 5년 ────────→ 착공 ─ 시공·감리 → 사용검사 ──────→ 사용

1. **대상**: 다음의 주택건설사업 또는 면적 1만m² 이상 대지조성사업
   ① **단독주택**: 30호 이상. 다만, 블록형 단독주택과 한옥은 50호 이상 ⟍ 소형×
   ② **공동주택**: 30세대 이상. 다만, 단지형 연립주택·단지형 다세대주택(주거전용면적 30m² 이상, 진입도로의 폭이 6m 이상)과 주거환경개선사업(자율주택정비방법)은 50세대 이상
     ✎ **주상복합 건축물의 특례**: 준주거·상업(유통×)지역 + 300세대 미만의 주택과 이외의 시설을 동일한 건축물로 건축
        + 주택 연면적이 90% 미만 → 건축허가
2. **승인권자**
   ① **대지면적 10만m² 이상**: 시·도지사, 대도시 시장
   ② **대지면적 10만m² 미만**: 특별시장·광역시장·시장 또는 군수
   ③ **국가·한국토지주택공사, 국토부장관이 지정·고시한 지역**: 국토부장관
     ✎ **표본설계도서의 승인**: 국토부장관
3. **공구별 분할시행**: 600세대 이상 주택단지는 공구별로 분할하여 주택을 건설·공급 가능
4. **주택건설사업계획승인의 요건**: 대지소유권 확보(원칙). 다만, 대지의 사용권 확보 등 다음의 경우는 예외
   ① 국가·지자체, 한국토지주택공사, 지방공사인 경우
   ② 지구단위계획 결정 + 대면적 80% 이상 사용권 확보 + 매도청구의 대상인 경우
5. **절차**: 신청일부터 60일 이내 승인 여부 통보
6. **착공**: 승인 후 5년(공구별 분할시행은 최초 5년 + 이외 2년) 이내 착수×(1년 연장 가능) → 승인 취소 가능(임의적) - 대지소유권 상실, 사업주체의 부도·파산
7. **매도청구**: 사업계획승인을 받은 사업주체 → 사용권을 확보하지 못한 대지소유자(건축물 포함) - 시가, 3개월 이상 사전협의
   ① **95% 이상 사용권 확보**: 모든 소유자에게 청구 가능
   ② **이외의 경우**: 지구단위계획구역 결정·고시일 10년 전부터 소유한 자를 제외한 대지소유자에게 청구 가능
     *리모델링허가를 신청하기 위한 동의율(75%)을 확보한 리모델링조합은 그 리모델링 결의에 찬성하지 않는 자의 주택 및 토지에 대하여 매도청구 가능
8. **간선시설의 설치**: 100호·100세대 이상 주택건설, 16,500m² 이상 대지조성 → 사용검사일까지 설치
   ① **도로·상하수도**: 지자체
   ② **전기·통신·가스·난방시설**: 공급자
   ③ **우체통**: 국가
9. **감리자의 지정**: 사업계획승인권자 → 주택건설사업계획을 승인했을 때와 시장·군수·구청장이 리모델링허가를 했을 때. 다만, 공공사업주체와 도시형 생활주택은 제외
   ① **300세대 미만**: 건축사, 건설엔지니어링사업자
   ② **300세대 이상**: 건설엔지니어링사업자
     *위반사항 묵인시 감리자 교체, 1년의 범위에서 감리업무 지정 제한 가능
10. **택지취득**
    ① **토지 등의 수용·사용**: 공공사업주체 + 국민주택 건설, 「공취법」 준용
    ② **국·공유지의 우선 매각·임대**: 국민주택규모의 주택을 50% 이상, 조합주택을 건설하는 사업주체
      ✎ **환매·임대계약의 취소(임의적)**: 2년 이내 건설×
    ③ **체비지의 우선 매각**: 국민주택용지로 사용하는 사업주체 + 체비지 총면적의 50% 이내 - 감정가 원칙, 경쟁입찰 원칙

1. **사전방문**: 입주지정기간 시작일 45일 전까지 2일 이상 실시 → 사업주체는 사전방문기간 시작일 1개월 전까지 사전방문계획을 사용검사권자에게 제출, 입주예정자에게 서면으로 통보
2. **사용검사권자**: 시장·군수·구청장(국토부장관) - 신청일부터 15일 이내. 동별검사, 분할검사○
   (1) **신청**: 사업주체× → 시공보증자× → 입주예정자 대표회의
   (2) **임시사용승인**: ㉺축물은 ㉐별, ㉐지조성은 ㉤획별, ㉓동주택은 ㉞대별로 가능
3. **사용검사 후 매도청구**
   ① 주택소유자 → 사용검사 후 토지소유권을 회복한 실소유자(주택단지 전체 면적의 5% 미만 + 2년 이내 송달, 시가)
   ② **대표자 선정**: 주택소유자 전체 3/4 이상의 동의 → 주택소유자 전체에게 소송 효과○
   ③ 사업주체에게 매도청구 비용의 전부 구상 가능

⭐ 〔 **주택상환사채** 〕

(1) **발행자**: 한국토지주택공사와 등록사업자(① 자본금 5억원 이상인 법인, ② 건설업 등록, ③ 최근 3년간 연평균 주택건설실적 300세대 이상 + 금융기관 등의 보증)가 발행
(2) **발행승인**: 국토부장관의 승인
(3) **상환기간**: 3년 초과 금지(사채발행일~주택공급계약체결일)
(4) **양도·중도해약의 원칙적 금지**. 다만, 해외이주 등 부득이한 사유가 있는 경우는 예외
(5) **발행방법**: 액면 또는 할인의 방법으로 발행
(6) **기명증권**: 명의변경은 취득자의 성명과 주소를 사채원부에 기록, 채권에 기록은 대항요건
(7) **납입금의 사용**: 택지의 구입·조성, 주택건설자재의 구입, 건설공사비에 충당 등
(8) **기타**: 등록사업자의 등록말소는 사채의 효력에 영향×, 「상법」 중 사채발행규정을 적용

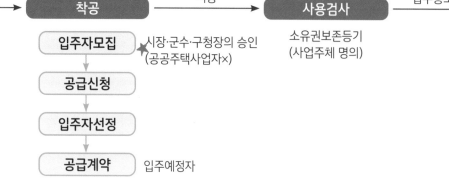

$$\boxed{\text{사업계획승인}} \xrightarrow{\text{5년}} \boxed{\text{착공}} \xrightarrow{\text{시공}} \boxed{\text{사용검사}} \xrightarrow{\text{입주통보}} \boxed{\text{입주 = 이전등기}}$$

입주자모집	시장·군수·구청장의 승인
	(공공주택사업자×)

사용검사: 소유권보존등기 (사업주체 명의)

공급신청 → 입주자선정 → 공급계약 : 입주예정자

💡 **공급규제**

1. **분양가상한제** - 분양가격은 택지비와 건축비(토지임대부 분양주택은 건축비만)로 구성
   (1) 적용주택: 사업주체가 일반공급하는 공동주택 + 공공택지(원칙), 공공택지 외의 택지에서 국토부장관이 주거정책심의 위원회의 심의를 거쳐 지정하는 지역
   (2) 적용제외: ① 도시형 생활주택, ② 경제자유구역, ③ 관광특구(50층 이상 or 높이 150m 이상), ④ 한국토지주택공사나 지방공사가 시행하는 공공성 요건을 충족하는 소규모 정비사업(면적 2만m² 미만 or 200세대 미만), ⑤ 주거환경개선사업 및 공공재개발사업, ⑥ 혁신지구재생사업, ⑦ 도심 공공주택 복합사업에서 건설·공급하는 주택
   (3) 분양가상한제 적용지역: 국토부장관(시·도지사 의견청취) - 투기과열지구 중 ① 1년간 아파트분양가상승률이 물가상승률의 2배 초과, ② 3개월간 주택매매량이 전년 동기 대비 20% 이상 ③ 직전 ②개월 동안 주택의 월평균 청약경쟁률 ⑤:1 또는 국민주택규모 ⑩:1 초과
2. **분양가상한제 적용주택 등의 입주자 거주의무**: 주택의 입주자(상속은 제외. 거주의무자)는 최초 입주가능일부터 3년 이내(토지임대부 분양주택은 최초 입주가능일)에 입주해야 하고, 5년 이내의 범위에서 거주의무기간 동안 계속하여 거주해야 함
   (1) 거주의무대상·기간: ① 수도권 공공택지에서 건설·공급하는 분양가상한제 적용주택 - 분양가격이 인근지역주택매매가격의 80% 미만은 5년, 80% 이상 100% 미만은 3년, ② 토지임대부 분양주택은 5년
   (2) 예외: 한국토지주택공사의 확인
      ① 입주 준비기간이 필요한 경우(90일까지)
      ② 근무·생업·취학 또는 질병치료를 위하여 해외에 체류하는 경우
      ③ 근무·생업·취학 등으로 세대원 전원이 다른 지역에 거주하는 경우(수도권 안×)
      ④ 전매제한이 적용되지 않는 경우(배우자 일부 증여 또는 경제적 어려움은 제외) 등
   (3) 거주의무 위반시 조치
      ① 양도제한: 거주의무를 이행하지 않은 경우 해당 주택을 양도×(상속은 제외)
      ② 우선 매입: 한국토지주택공사가 매입비용을 지급한 날에 해당 주택을 취득
3. **저당권 설정 등의 제한**: 사업주체는 주택과 대지에 ① 저당권·가등기담보권 등 담보물권의 설정, ② 지상권·전세권·등기되는 부동산임차권의 설정, ③ 매매·증여 등 처분 × → 입주자 모집공고 승인신청일~소유권이전등기 신청 가능일(입주가능일) 이후 60일까지

⌂ **리모델링**
1. **리모델링허가**: ① 입주자 전체의 동의를 받은 입주자·사용자 또는 관리주체, ② 소유자 전원의 동의를 받은 입주자대표회의, ③ 전체 구분소유자와 의결권 각 75% 이상 + 동별 각 50% 이상의 동의를 받은 리모델링조합 → 시장·군수·구청장의 허가
   *리모델링은 주택단지별 또는 동별로 한다. 증축형 리모델링은 안전진단 요청, 세대수 증가형 리모델링은 권리변동계획(리모델링 전·후 권리변동명세, 사업비 등) 수립
2. **리모델링 기본계획**: 특별시장·광역시장 및 대도시의 시장이 10년 단위로 수립 + 5년마다 검토 → 대도시의 시장은 도지사의 승인
   *주민의견청취[공람(14일 이상)] ⇨ 지방의회 의견청취(30일) ⇨ 협의(30일)·심의 ⇨ 수립

💡 **투기규제**

1. **투기과열지구**: 국토부장관(시·도지사 의견청취), 시·도지사(국토부장관과 협의)
   (1) 지정대상: ① 직전 ②개월동안 주택의 월평균 청약경쟁률 ⑤:1 또는 국민주택규모 ⑩:1 초과, ② 주택분양실적이 전달보다 30% 이상 감소, ③ 주택보급률이 전국 평균 이하
   (2) 재검토: 국토부장관이 반기마다 지정유지 여부 재검토 → 해제가 필요하다고 인정하는 경우 해제 의무(조정대상지역 동일)
   (3) 해제요청: 시·도지사, 시장·군수·구청장 → 40일 이내에 해제 여부 결정해서 통보
2. **조정대상지역**: 국토부장관(시·도지사 의견청취) - 과열지역, 위축지역으로 구분
3. **전매행위제한(상속은 제외)**
   (1) 대상: 해당 주택의 입주자로 선정된 날~10년 이내에서 대통령령이 정하는 기간
      ① 투기과열지구에서 건설·공급되는 주택: 수도권 3년, 비수도권 1년
      ② 조정대상지역에서 건설·공급되는 주택: 과열지역 – 수도권 3년, 비수도권 1년
      ③ 분양가상한제 적용주택: 공공택지 – 수도권 3년, 비수도권 1년
      ④ 공공택지 외의 택지에서 건설·공급되는 주택
      ⑤ 공공재개발사업에서 건설·공급하는 주택(분양가상한제 적용지역에 한정)
      ⑥ 토지임대부 분양주택: 10년
   (2) 예외: 한국토지주택공사의 동의 → 한국토지주택공사가 우선 매입
      ① 근무·생업상의 사정으로 세대원 전원이 다른 행정구역으로 이전하는 경우(수도권 안×)
      ② 상속에 따라 취득한 주택으로 세대원 전원이 이전하는 경우
      ③ 세대원 전원이 해외로 이주하거나 2년 이상 해외에 체류하려는 경우
      ④ 이혼으로 인해 주택을 배우자에게 이전하는 경우
      ⑤ 국가·지자체, 금융기관의 채무를 이행하지 못하여 경매·공매가 시행되는 경우
      ⑥ 주택의 일부를 배우자에게 증여하는 경우 등
4. **공급질서 교란금지**: ① 주택을 공급받을 수 있는 조합원 지위, ② 입주자저축 증서, ③ 주택상환사채 + 양도·양수(상속·저당은 제외), 알선 또는 광고× → 지위의 무효·계약의 취소(필수적) → 환매, 퇴거명령 → 입주자자격 제한(10년 이내)

PART 6 농지법

농지의 소유

1. 경자유전(耕者有田)의 원칙

2. 농지소유의 특례: 「농지법」에서만 규정
   (1) 국가·지방자치단체
   (2) 학교, 공공단체, 연구기관
   (3) 주말·체험영농(농업인×) + 농업진흥지역 외: 1천m² 미만(세대원 총면적 기준)
   (4) 상속(농업경영×): 1만m²까지
   (5) 8년 이상 농업경영 후 이농: 1만m²까지
   (6) 농지전용허가·신고
   (7) 농지전용협의 등
   *(1)·(4)·(5)·(6)·(7)은 임대 가능

3. 농지취득자격증명: 시·구·읍·면장이 발급
   (1) 발급대상: 농지를 취득하려는 자
   (2) 예외: ① 국가·지자체, ② 농지전용협의, ③ 상속·합병 등
   (3) 발급절차: 농업경영계획서or주말·체험영농계획서작성⇨발급신청⇨발급
      [7일, 농업경영계획서 면제(학교, 농지전용허가·신고 등)는 4일, 농지위원회 심의대상은 14일 이내] ⇨ 소유권이전등기시 첨부
      ✎ 영농계획서 보존기간: 10년

4. 위탁경영의 예외적 허용: ① 징집·소집, ② 3개월 이상 국외여행, ③ 질병·취학, 선거에 따른 공직취임, ④ 부상으로 3개월 이상 치료, ⑤ 임신 중이거나 분만 후 6개월 미만, ⑥ 교도소·구치소에 수용, ⑦ 농업인이 자기 노동력이 부족하여 농작업의 일부를 위탁하는 경우 등

5. 농업경영위반시의 조치
   (1) 농지처분의무: 1년 이내 처분
      ① 농지소유자가 정당한 사유 없이 자경에 이용× + 시장·군수·구청장이 인정하는 경우
      ② 농지소유상한을 초과하여 소유한 경우(소유상한 초과면적에 한정)
      ③ 농지전용허가·신고 후 2년 이내에 목적사업에 착수×
   (2) 농지처분명령(시장·군수·구청장): 6개월 이내 처분 - ① 거짓 그 밖의 부정한 방법으로 농취증 발급, ② 처분의무기간에 처분×, ③ 농업법인이 부동산업 영위
   (3) 매수청구: 농지처분명령을 받은 농지소유자는 한국농어촌공사에게 매수청구 - 공시지가 기준으로 매수
   (4) 이행강제금(시장·군수·구청장): 해당 농지의 감정가 or 개별공시지가 중 더 높은 가액의 25/100, 연 1회 반복 부과·징수

농지의 이용

1. 대리경작자의 지정: 시장·군수·구청장 → 직권 or 신청
   (1) 지정대상: 유휴농지(경작·재배×). 다만, 휴경농지나 농지전용허가·신고·협의 등은 제외
   (2) 지정요건: 농업인·농업법인 지정(원칙). 다만, 곤란한 경우 농업생산자단체, 학교
   (3) 대리경작기간: 따로 정하지 않으면 3년
   (4) 토지사용료: 수확량의 10/100을 수확일부터 2개월 내에 농지소유자·임차권자에게 지급

2. 농지의 임대차: 원칙적 금지
   (1) 예외적 허용: ① 경자유전의 예외, ② 위탁경영의 허용사유, ③ 60세 이상 + 5년 초과 농업경영, ④ 개인이 3년 이상 소유 + 주말·체험영농 하려는 자(직접·간접), ⑤ 이모작을 위한 8개월 이내의 단기임대
   (2) 서면계약: 시·구·읍·면장의 확인 + 농지의 인도 → 다음 날부터 제3자에게 대항력 발생
   (3) 기간: 3년 이상. 다만, 다년생식물 재배지나 온실·비닐하우스를 설치한 경우에는 5년 이상 → 기간을 정하지 않거나 미만으로 정한 경우 이 기간으로 간주(국·공유농지×)

💡 용어정의

1. 농지(지목불문): 실제로 ① 농작물의 경작지, ② 다년생식물의 재배지(조경목적×), ③ 농지개량시설의 부지, ④ 농축산물 생산시설[온실·비닐하우스, 농막(20m² 이하 + 주거목적×)]의 부지로 이용하는 토지
   ✎ 농지에서 제외: ① 지목이 전·답·과수원× + 3년 미만, ② 지목이 임야 + 산지전용허가× + 경작·재배, ③ 초지

2. 농업인: ① 1천m² 이상의 농지 or 1년 중 90일 이상 농업에 종사, ② 대가축 2두·중가축 10두·소가축 100두·가금 1천수·꿀벌 10군 이상 사육 or 1년 중 120일 이상 축산업에 종사, ③ 연간 농산물 판매액 120만원 이상

3. 농업법인: 영농조합법인, 농업인 1/3 이상인 농업회사법인

4. 자경: 농업인이 경작·재배에 ①상시 종사, ②농작업 1/2 이상 자기의 노동력
   ≠ 위탁경영(농지소유자가 타인에게 보수를 지급하고 농작업의 전부 또는 일부를 위탁)

5. 농지전용: 농지를 농업생산, 농지개량 이외의 목적으로 사용하는 것
   ✎ 농지개량: 농지의 생산성을 높이기 위한 형질변경행위

농지의 보전

1. 농업진흥지역
   (1) 지정: 시·도지사 → 농림부장관의 승인
      ① 농업진흥구역: 집단화된 농지
      ② 농업보호구역: 용수원 확보 등 농업환경 보호
   (2) 대상: 녹지(특별시×), 관리·농림·자연환경보전지역
   (3) 행위제한
      ① 농업진흥구역: 농업생산·농지개량과 직접 관련된 행위만 가능. 다만, 농업인 주택, 농업인의 공동생활시설, 농수산물 가공·처리시설의 설치 등은 허용
      ② 농업보호구역: 농업진흥구역에서 가능한 행위, 농업인의 소득증대·생활여건개선을 위한 시설의 설치 등은 가능
      ③ 1필지의 토지가 농업진흥구역과 농업보호구역에 걸치는 경우: 농업진흥구역이 330m² 이하인 때에는 농업보호구역의 행위제한을 적용
   (4) 매수청구: 농업진흥지역 안의 농지를 소유한 농업인·농업법인 → 한국농어촌공사에게 매수청구 - 감정가 기준으로 매수

(그림: 농업진흥구역 / 농업보호구역)

2. 농지전용의 규제
   (1) 농지전용허가: 농지를 전용하려는 자 → 농림부장관의 허가
      ① 제외: 농지전용협의·신고한 농지, 불법개간한 농지의 산림으로 복구
      ② 필수적 취소: 조치명령을 위반한 경우
   (2) 농지전용신고: 시장·군수·구청장에게 신고
      ✎ 농업인주택: 농업진흥지역 밖 + 무주택세대주 + 660m² 이하
   (3) 농지전용협의: 주무부장관·지자체의 장이 도시지역에 주거·상업·공업지역을 지정하거나, 도시·군계획시설의 결정시 그 예정지에 농지가 포함되는 경우 → 농림부장관과 협의
   (4) 타용도 일시사용허가: 시장·군수·구청장의 허가 - 간이농수축산업용시설은 7년 이내 + 5년 연장
   (5) 농지보전부담금: 농지전용허가·신고, 협의하고 농지를 전용하는 자 → 농림부장관에게 허가·신고 전까지 납부(농업진흥지역의 농지는 개별공시지가의 30/100, 그 밖의 농지는 20/100)
      ✎ 가산금: 체납금액의 3/100
   (6) 농지개량행위의 신고: 농지개량 중 성토 또는 절토를 하려는 자 → 시장·군수·구청장에게 신고

3. 농지대장: 시·구·읍·면장 - 모든 농지에 대해 필지별로 작성·비치

4. 농지관리 기본계획 및 실천계획
   (1) 기본계획: 시·도지사가 10년마다 수립 → 농림부장관의 승인
   (2) 실천계획: 시장·군수·구청장이 5년마다 수립 → 시·도지사의 승인

빈칸채우기
암기노트

합격의 시작, 해커스 공인중개사
해커스 공인중개사 한눈에 보는 공법체계도

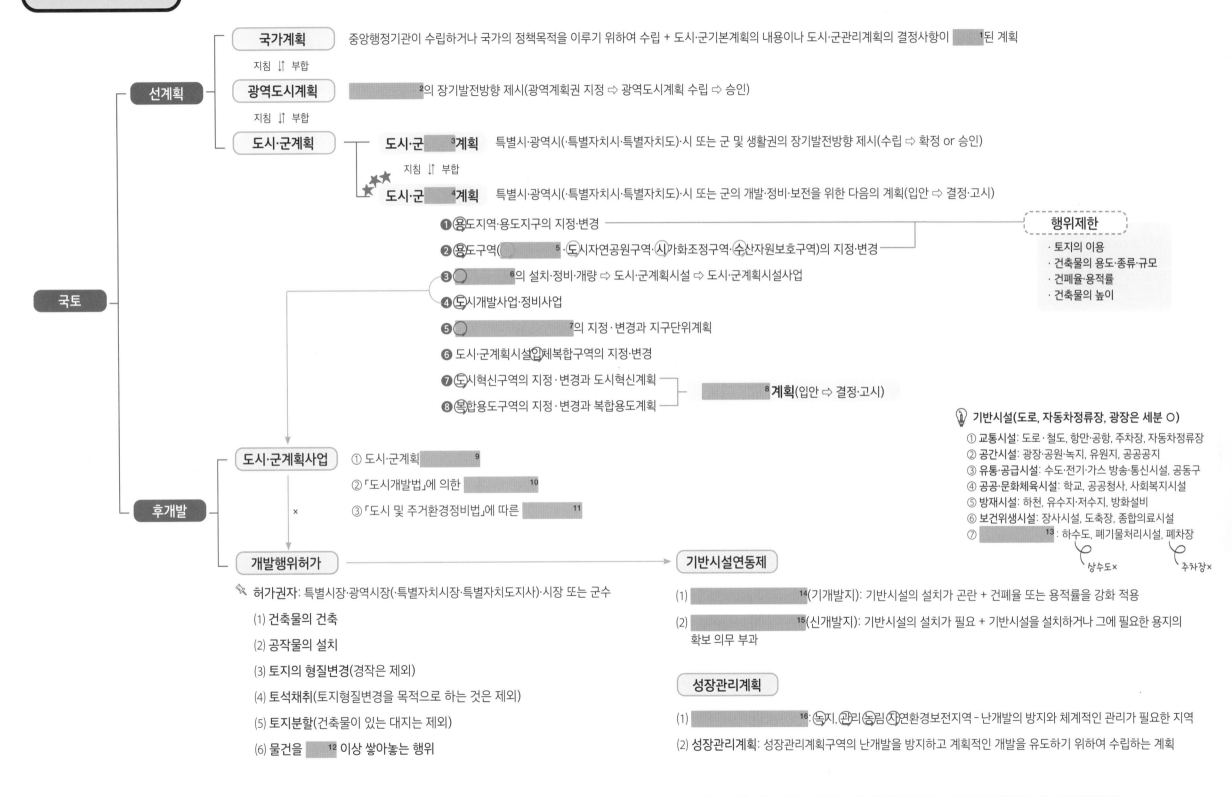

국토

선계획

- **국가계획** — 중앙행정기관이 수립하거나 국가의 정책목적을 이루기 위하여 수립 + 도시·군기본계획의 내용이나 도시·군관리계획의 결정사항이 ▢¹된 계획

　지침 ↕ 부합

- **광역도시계획** — ▢²의 장기발전방향 제시(광역계획권 지정 ⇨ 광역도시계획 수립 ⇨ 승인)

　지침 ↕ 부합

- **도시·군계획**
  - **도시·군▢³계획** — 특별시·광역시(·특별자치시·특별자치도)·시 또는 군 및 생활권의 장기발전방향 제시(수립 ⇨ 확정 or 승인)

　　지침 ↕ 부합 ★★★

  - **도시·군▢⁴계획** — 특별시·광역시(·특별자치시·특별자치도)·시 또는 군의 개발·정비·보전을 위한 다음의 계획(입안 ⇨ 결정·고시)
    - ❶ 용도지역·용도지구의 지정·변경
    - ❷ 용도구역(○▢⁵·시도시자연공원구역·시가화조정구역·수산자원보호구역)의 지정·변경
    - ❸ ○▢⁶의 설치·정비·개량 ⇨ 도시·군계획시설 ⇨ 도시·군계획시설사업
    - ❹ 도시개발사업·정비사업
    - ❺ ○▢⁷의 지정·변경과 지구단위계획
    - ❻ 도시·군계획시설입체복합구역의 지정·변경
    - ❼ 도시혁신구역의 지정·변경과 도시혁신계획
    - ❽ 복합용도구역의 지정·변경과 복합용도계획

행위제한
- 토지의 이용
- 건축물의 용도·종류·규모
- 건폐율·용적률
- 건축물의 높이

▢⁸**계획**(입안 ⇨ 결정·고시)

후개발

- **도시·군계획사업**
  - ① 도시·군계획▢⁹
  - ② 「도시개발법」에 의한 ▢¹⁰
  - ③ 「도시 및 주거환경정비법」에 따른 ▢¹¹

　×

- **개발행위허가**

🖊 허가권자: 특별시장·광역시장(·특별자치시장·특별자치도지사)·시장 또는 군수
  - (1) 건축물의 건축
  - (2) 공작물의 설치
  - (3) 토지의 형질변경(경작은 제외)
  - (4) 토석채취(토지형질변경을 목적으로 하는 것은 제외)
  - (5) 토지분할(건축물이 있는 대지는 제외)
  - (6) 물건을 ▢¹² 이상 쌓아놓는 행위

💡 **기반시설**(도로, 자동차정류장, 광장은 세분 O)
① 교통시설: 도로·철도, 항만·공항, 주차장, 자동차정류장
② 공간시설: 광장·공원·녹지, 유원지, 공공공지
③ 유통·공급시설: 수도·전기·가스 방송·통신시설, 공동구
④ 공공·문화체육시설: 학교, 공공청사, 사회복지시설
⑤ 방재시설: 하천, 유수지·저수지, 방화설비
⑥ 보건위생시설: 장사시설, 도축장, 종합의료시설
⑦ ▢¹³: 하수도, 폐기물처리시설, 폐차장

상수도×　　주차장×

기반시설연동제
- (1) ▢¹⁴(기개발지): 기반시설의 설치가 곤란 + 건폐율 또는 용적률을 강화 적용
- (2) ▢¹⁵(신개발지): 기반시설의 설치가 필요 + 기반시설을 설치하거나 그에 필요한 용지의 확보 의무 부과

성장관리계획
- (1) ▢¹⁶: 녹지, 관리, 농림, 자연환경보전지역 - 난개발의 방지와 체계적인 관리가 필요한 지역
- (2) 성장관리계획: 성장관리계획구역의 난개발을 방지하고 계획적인 개발을 유도하기 위하여 수립하는 계획

정답 　¹ 포함, 　² 광역계획권, 　³ 기본, 　⁴ 관리, 　⁵ 개발제한구역, 　⁶ 기반시설, 　⁷ 지구단위계획구역, 　⁸ 공간재구조화, 　⁹ 시설사업, 　¹⁰ 도시개발사업, 　¹¹ 정비사업, 　¹² 1개월, 　¹³ 환경기초시설, 　¹⁴ 개발밀도관리구역, 　¹⁵ 기반시설부담구역, 　¹⁶ 성장관리계획구역

	광역도시계획	도시·군기본계획
의의	광역계획권의 장기발전방향 제시(정책계획)	특별시·광역시(·특별자치시·특별자치도)·시 또는 군 및 생활권의 장기발전방향 제시(종합·정책계획) → _____[12] 수립의 지침
수립대상	**광역계획권** (1) **지정대상**: 인접한 둘 이상의 특별시·광역시(·특별자치시·특별자치도)·시 또는 군의 관할 구역의 전부 또는 일부 ★(2) **지정권자**: ○_____[1](같은 도), _____[2](둘 이상의 시·도) (3) **지정절차**: 의견청취(시·도지사, 시장·군수) → 심의(도시계획위원회, 이하 '도계위') → 지정·통보	특별시·광역시(·특별자치시·특별자치도)·시 또는 군(이하 '특별시·광역시·시 또는 군')의 관할 구역 및 생활권 (1) **생활권계획**: 생활권역별 개발·정비 및 보전 등에 필요한 경우 수립 가능 → 생활권계획이 수립된 경우 _____[13] 수립 간주 (2) **연계수립**: 인접한 관할 구역의 전부 또는 일부를 포함하여 수립 가능 → 사전 협의
수립권자	(1) _____[3] **공동**: 광역계획권이 같은 도에 속하는 경우 (2) _____[4] **공동**: 광역계획권이 둘 이상의 시·도에 걸치는 경우 (3) **도지사**: ① 시장·군수가 협의를 거쳐 요청하거나, ② 광역계획권을 지정한 날부터 _____[5]이 지날 때까지 시장·군수로부터 승인 신청이 없는 경우 (4) **국토부장관**: ① 국가계획과 관련되거나, ② 광역계획권을 지정한 날부터 _____[6]이 지날 때까지 시·도지사로부터 승인 신청이 없는 경우	(1) **수립의무**: 특별시장·광역시장(·특별자치시장·특별자치도지사)·시장 또는 군수(이하 '특별시장·광역시장·시장 또는 군수') (2) **예외**: 생략 가능 ① 수도권× + 광역시와 경계× + 인구 _____[14]명 이하인 시 또는 군 ② 관할 구역 _____[15]에 광역도시계획이 수립 + 도시·군기본계획의 내용이 _____[16] 포함되어 있는 시 또는 군
수립절차	 ① 기초조사정보체계 구축 → _____[8]마다 확인·반영 ② 공청회 개최예정일 _____[9] 전까지 1회 이상 공고 ③ 지방의회, 시장·군수, 협의요청을 받은 행정기관의 장은 30일 이내에 의견제시 ④ 공고·열람은 30일 이상 (*②·③·④는 도시·군기본계획도 동일)	(1) 시 또는 군 도시·군기본계획의 승인 (2) 특별시·광역시(·특별자치시·특별자치도) 도시·군기본계획의 확정 *토지적성평가·재해취약성분석은 _____[19] 이내에 실시한 경우 생략 가능(도시·군관리계획도 동일)
수립기준	(1) _____[10]이 정함(포괄적·개략적 수립) (2) 국가계획에 부합 → 광역도시계획 또는 도시·군계획이 국가계획의 내용과 다를 때에는 _____[11]이 우선	(1) _____[20]이 정함(포괄적·개략적 수립) (2) 광역도시계획에 부합 → 도시·군기본계획과 광역도시계획의 내용이 다를 때에는 _____[21]이 우선
타당성 검토	×	_____[22]마다 타당성 검토해서 정비

정답 [1] 도지사, [2] 국토부장관, [3] 시장·군수, [4] 시·도지사, [5] 3년, [6] 3년, [7] 공청회, [8] 5년, [9] 14일, [10] 국토부장관, [11] 국가계획, [12] 도시·군관리계획, [13] 도시·군기본계획, [14] 10만, [15] 전부, [16] 모두, [17] 도지사, [18] 협의·심의, [19] 5년, [20] 국토부장관, [21] 광역도시계획, [22] 5년

Part 1 국토의 계획 및 이용에 관한 법률   31

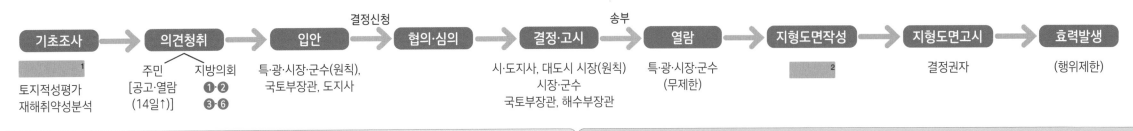

			결정신청		송부			
기초조사	의견청취	입안	협의·심의	결정·고시	열람	지형도면작성	지형도면고시	효력발생

기초조사 [1]
토지적성평가
재해취약성분석

의견청취
주민 [공고·열람 (14일↑)] ❶·❷
지방의회 ❸·❻

입안
특·광·시장·군수(원칙), 국토부장관, 도지사

결정·고시
시·도지사, 대도시 시장(원칙) 시장·군수 국토부장관, 해수부장관

열람
특·광·시장·군수 (무제한)

지형도면작성 [2]

지형도면고시
결정권자

효력발생
(행위제한)

입안

1. 의의: 특별시·광역시·시 또는 군의 개발·정비 및 보전을 위하여 수립하는 토지이용·교통·환경·경관·안전·산업 등에 관한 다음의 계획(집행계획)

❶ 용도지역·용도지구의 지정·변경

❷ 용도구역([3]구역·[4]구역·[5]구역·수산자원보호구역)의 지정·변경

❸ 기반시설의 설치·정비·개량

❹ 도시개발사업·정비사업

❺ 지구단위계획구역의 지정·변경과 지구단위계획

❻ 도시·군계획시설○[6]의 지정·변경

❼ ○[7]의 지정·변경과 도시혁신계획 ─┐
❽ ○[8]의 지정·변경과 복합용도계획 ─┴ 공간재구조화계획(입안 ⇨ 결정)

2. 입안권자

① 원칙: 특별시장·광역시장·시장 또는 군수(이하 '특·광·시장 또는 군수')

✎ 연계입안: 인접한 관할 구역의 전부 또는 일부를 포함하여 입안 가능 → 협의하여 입안자 지정 또는 [9] → 협의 불성립시 국토부장관(둘 이상 시·도), 도지사(같은 도)가 입안자 지정

② 예외: [10](국가계획 관련, 둘 이상 시·도), 도지사(둘 이상의 시·군)

⭐ **3. 주민**(이해관계자 포함)**의 입안제안** → 입안권자에게 제안 가능

(1) **제안 내용**: ① 기반시설의 설치·정비·개량[토지면적(국·공유지는 제외) [11] 이상], ② 지구단위계획구역의 지정·변경과 지구단위계획(토지면적 2/3 이상), ③ 용도지구[12]의 지정·변경(토지면적 2/3 이상), ④ 도시·군계획시설입체복합구역의 지정·변경과 건축제한·건폐율·용적률·높이(토지면적 [13] 이상)

(2) **산업·유통개발진흥지구의 제안요건**: ① 면적 1만m² 이상 3만m² 미만, ② 자연녹지지역·생산관리지역 및 계획관리지역(전체 면적의 50% 이상)

(3) **반영 여부 통보**: [14] 이내. 다만, 부득이한 경우 1회 30일 연장 가능

(4) **비용부담**: 입안권자는 제안자와 협의하여 입안 및 결정에 필요한 비용의 전부 또는 일부를 제안자에게 부담시킬 수 있다.

결정·고시

⭐⭐⭐ **1. 결정권자**

(1) **원칙**: 시·도지사(직접 또는 시장·군수의 신청), 대도시 시장

(2) **시장 또는 군수**: 시장 또는 군수가 입안한 지구단위계획구역과 지구단위계획

(3) [15]: ① 직접 입안, ② 개발제한구역, ③ 시가화조정구역(국가계획과 연계)

(4) [16]: 수산자원보호구역

⭐ **2. 효력발생시기**: 지형도면을 [17] 발생

3. 기득권 보호

(1) **원칙**: 도시·군관리계획결정 당시 이미 사업이나 공사에 착수한 자는 관계없이 계속 시행 가능(별도의 인·허가, 신고×)

(2) **예외**: 시가화조정구역 또는 수산자원보호구역의 경우에는 도시·군관리계획결정 당시 이미 사업이나 공사에 착수한 자는 고시일부터 [18] 이내에 신고하고 계속 시행 가능

4. 지형도면의 작성·고시

(1) 작성(입안권자) ⇨ 고시(결정권자)

(2) 시장(대도시 시장은 제외) 또는 군수는 지형도면을 작성(지구단위계획구역과 지구단위계획은 제외)하면 [19]의 승인(30일 이내)

5. 타당성 검토: 특별시장·광역시장·시장 또는 군수는 5년마다 타당성 검토해서 정비

6. 수립기준: [20]이 정함, 광역도시계획 및 도시·군기본계획(생활권계획)에 부합 → 광역도시계획이나 도시·군기본계획 수립시 동시 입안 가능

✎ **입안·결정절차**

1. 경미한 사항(면적 5% 미만 시설부지의 변경, 근소한 위치변경, 세부시설의 변경, 도시지역의 ○[21] 등)은 기초조사, 주민·지방의회의견청취, 협의·심의 생략 가능

2. 도심지(상업지역), 나대지가 없는 경우(2% 미달) 등은 기초조사, 환경성 검토·토지적성평가·재해취약성분석 생략 가능

3. 국방상·안보상 기밀(관계 중앙행정기관의 장이 요청)은 주민의견청취, 협의·심의 생략 가능

4. 지구단위계획은 [22]와 도시계획위원회 공동심의

정답 ¹ 환경성 검토, ² 입안권자, ³ 개발제한, ⁴ 도시자연공원, ⁵ 시가화조정, ⁶ 입체복합구역, ⁷ 도시혁신구역, ⁸ 복합용도구역, ⁹ 공동입안, ¹⁰ 국토부장관, ¹¹ 4/5, ¹² 산업·유통개발진흥지구, ¹³ 4/5, ¹⁴ 45일, ¹⁵ 국토부장관, ¹⁶ 해양수산부장관, ¹⁷ 고시한 날부터, ¹⁸ 3개월, ¹⁹ 도지사, ²⁰ 국토부장관, ²¹ 축소, ²² 건축위원회

32 해커스 공인중개사 land.Hackers.com

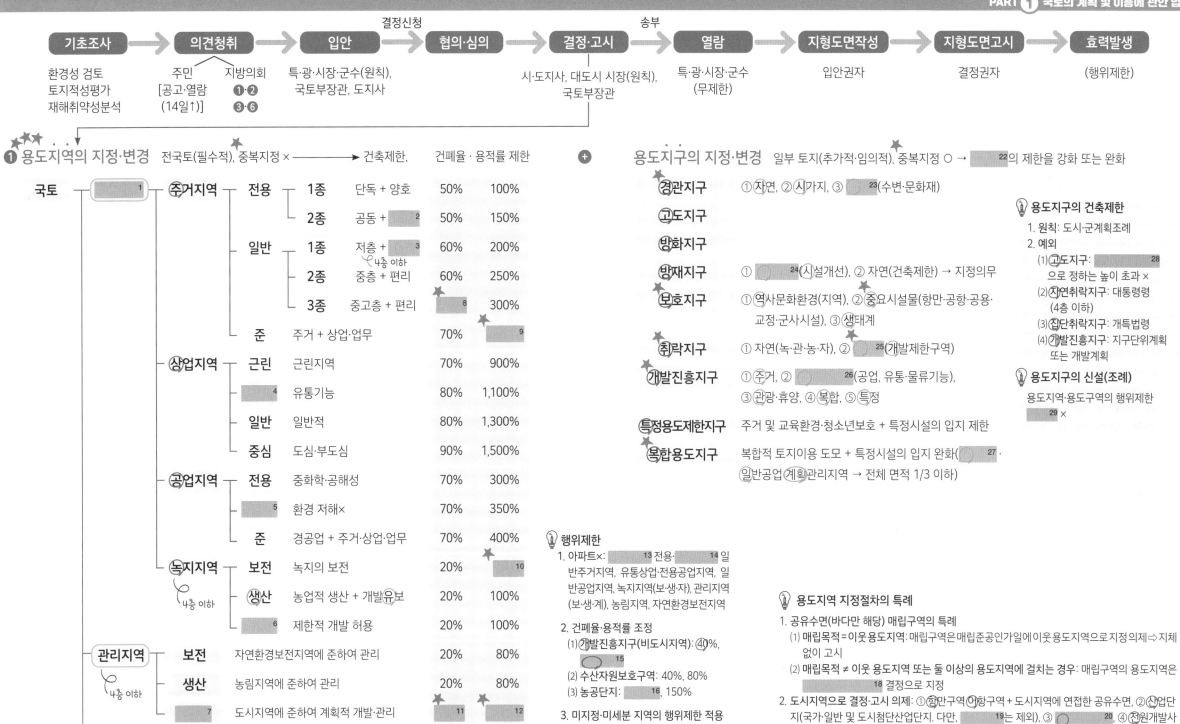

결정신청 ───→ 송부

기초조사 → 의견청취 → 입안 → 협의·심의 → 결정·고시 → 열람 → 지형도면작성 → 지형도면고시 → 효력발생

환경성 검토 / 주민 / 지방의회 / 특·광·시장·군수(원칙), / 시·도지사, 대도시 시장(원칙), / 특·광·시장·군수 / 입안권자 / 결정권자 / (행위제한)
토지적성평가 / [공고·열람 / ❶·❷ / 국토부장관, 도지사 / 국토부장관 / (무제한)
재해취약성분석 / (14일↑)] / ❸·❻

❶ 용도지역의 지정·변경 전국토(필수적), 중복지정 × ──→ 건축제한, 건폐율·용적률 제한 ➕ **용도지구의 지정·변경** 일부 토지(추가적·임의적), 중복지정 ○ → [22]의 제한을 강화 또는 완화

국토 ─ [1]

주거지역 ─ 전용 ─ 1종 단독 + 양호 50% 100%
　　　　　　　 └ 2종 공동 + [2] 50% 150%
　　　　　 ─ 일반 ─ 1종 저층 + [3] 60% 200%
　　　　　　　　　 └ 4층 이하
　　　　　　　 ─ 2종 중층 + 편리 60% 250%
　　　　　　　 ─ 3종 중고층 + 편리 [8] 300%
　　　　　 ─ 준 주거 + 상업·업무 70% [9]

상업지역 ─ 근린 근린지역 70% 900%
　　　　 ─ [4] 유통기능 80% 1,100%
　　　　 ─ 일반 일반적 80% 1,300%
　　　　 ─ 중심 도심·부도심 90% 1,500%

공업지역 ─ 전용 중화학·공해성 70% 300%
　　　　 ─ [5] 환경 저해× 70% 350%
　　　　 ─ 준 경공업 + 주거·상업·업무 70% 400%

녹지지역 ─ 보전 녹지의 보전 20% [10]
　　└ 4층 이하
　　　　 ─ 생산 농업적 생산 + 개발유보 20% 100%
　　　　 ─ [6] 제한적 개발 허용 20% 100%

관리지역 ─ 보전 자연환경보전지역에 준하여 관리 20% 80%
　　└ 4층 이하
　　　　 ─ 생산 농림지역에 준하여 관리 20% 80%
　　　　 ─ [7] 도시지역에 준하여 계획적 개발·관리 [11] [12]

농림지역 농업진흥지역·보전산지 + 농림업진흥 20% 80%

자연환경보전지역 ⓐ자연환경·ⓢ수자원·ⓗ해안·ⓢ생태계·ⓢ수원· ⓖ국가유산 보전·ⓢ수산자원 보호·육성 20% 80%

용도지구의 지정·변경

경관지구 ①자연, ②시가지, ③[23](수변·문화재)

고도지구

방화지구

방재지구 ①[24](시설개선), ②자연(건축제한) → 지정의무

보호지구 ①역사문화환경(지역), ②중요시설물(항만·공항·공용· 교정·군사시설), ③생태계

취락지구 ① 자연(녹·관·농·자), ② [25](개발제한구역)

개발진흥지구 ①주거, ② [26](공업, 유통·물류기능), ③관광·휴양, ④복합, ⑤특정

특정용도제한지구 주거 및 교육환경·청소년보호 + 특정시설의 입지 제한

복합용도지구 복합적 토지이용 도모 + 특정시설의 입지 완화([27]· 일반공업(계획)관리지역 → 전체 면적 1/3 이하)

💡 **용도지구의 건축제한**
1. 원칙: 도시·군계획조례
2. 예외
　(1)고도지구: [28] 으로 정하는 높이 초과 ×
　(2)자연취락지구: 대통령령 (4층 이하)
　(3)집단취락지구: 개특법령
　(4)개발진흥지구: 지구단위계획 또는 개발계획

💡 **용도지구의 신설(조례)**
　용도지역·용도구역의 행위제한 [29] ×

💡 **행위제한**
1. 아파트×: [13]전용·[14]일 반주거지역, 유통상업·전용공업지역, 일 반공업지역, 녹지지역(보·생·자), 관리지역 (보·생·계), 농림지역, 자연환경보전지역

2. 건폐율·용적률 조정
　(1)개발진흥지구(비도시지역):40%, [15]
　(2) 수산자원보호구역: 40%, 80%
　(3) 농공단지: [16], 150%

3. 미지정·미세분 지역의 행위제한 적용
　(1) 미지정: 자연환경보전지역
　(2)도시지역이 미세분: [17]
　(3) 관리지역이 미세분: 보전관리지역

💡 **용도지역 지정절차의 특례**
1. 공유수면(바다만 해당) 매립구역의 특례
　(1) 매립목적 = 이웃용도지역: 매립구역은매립준공인가일에이웃용도지역으로지정 의제 ⇨ 지체 없이 고시
　(2) 매립목적 ≠ 이웃 용도지역 또는 둘 이상의 용도지역에 걸치는 경우: 매립구역의 용도지역은 [18] 결정으로 지정
2. 도시지역으로 결정·고시 의제: ①항만구역 어항구역 + 도시지역에 연접한 공유수면, ②산업단지(국가·일반 및 도시첨단산업단지. 다만, [19]는 제외), ③ [20] ④전원개발사업구역(수력발전소는 제외)
3. 관리지역의 특례: 관리지역에서 ① 농업진흥지역은 [21]으로, ② 보전산지는 고시에서 구분하는 바에 따라 농림지역 또는 자연환경보전지역으로 결정·고시 의제

정답 ¹ 도시지역, ² 양호, ³ 편리, ⁴ 유통, ⁵ 일반, ⁶ 자연, ⁷ 계획, ⁸ 50%, ⁹ 500%, ¹⁰ 80%, ¹¹ 40%, ¹² 100%, ¹³ 제1종, ¹⁴ 제1종, ¹⁵ 100%, ¹⁶ 70%, ¹⁷ 보전녹지지역, ¹⁸ 도시·군관리계획, ¹⁹ 농공단지, ²⁰ 택지개발지구, ²¹ 농림지역, ²² 용도지역, ²³ 특화, ²⁴ 시가지, ²⁵ 집단, ²⁶ 산업·유통, ²⁷ 일반주거, ²⁸ 도시·군관리계획, ²⁹ 완화

Part 1 국토의 계획 및 이용에 관한 법률　**33**

기초조사 → 의견청취 → 입안 →(결정신청)→ 협의·심의 → 결정·고시 →(송부)→ 열람 → 지형도면작성 → 지형도면고시 → 효력발생

| 환경성 검토 토지적성평가 재해취약성분석 | 주민 [공고·열람 (14일↑)] | 지방의회 ❶·❷ ❸·❺ | 특·광·시장·군수(원칙), 국토부장관, 도지사 | | 국토부장관, 해수부장관 시·도지사, 대도시 시장 | 특·광·시장·군수 (무제한) | 입안권자 | 결정권자 | (행위제한) |

❷ 용도구역의 지정·변경: 일부 토지(독자적) → 용도지역·용도지구의 제한을 강화 또는 완화하여 따로 정함

	지정권자	지정목적	행위제한
개발제한구역	국토부장관	도시의 ㉿질서한 확산방지, 보안상 도시의 개발제한	「개발제한구역의 지정 및 관리에 관한 특별조치법」
도시자연공원구역	시·도지사, 대도시 시장	도시지역 내 식생이 양호한 산지의 개발제한	「도시공원 및 녹지 등에 관한 법률」
시가화조정구역	시·도지사(원칙), ▨▨ 1 (국가계획)	무질서한 시가화 유보(5년 이상 ▨▨ 2 이내) ⇨ 유보기간 만료일의 ▨▨ 3 실효(고시)	① 도시·군계획사업(대통령령) ② 허가대상: 주택의 증축(100m² 이하) 등
수산자원보호구역	해수부장관	수산자원의 보호·육성	「수산자원관리법」
도시·군계획시설 입체복합구역	결정권자(국토부장관, 시·도지사, 대도시 시장)	도시·군계획시설의 입체복합적 활용을 위한 도시·군계획시설부지: 도시·군계획시설 준공 후 ▨▨ 4이 경과	대통령령(건폐율 ▨▨ 5, 용적률 ▨▨ 6 이하)

💡 공간재구조화계획: 토지이용, 건축제한, 건폐율·용적률·높이 등의 제한을 ▨▨ 7하는 용도구역의 효율적 관리를 위해 수립하는 계획

입안
(1) 원칙: 특·광·시장·군수
  ① 도시혁신구역의 지정·변경과 도시혁신계획
  ② 복합용도구역의 지정·변경과 복합용도계획
  ③ 입체복합구역의 지정·변경(①·②와 함께 지정)
(2) 예외: 국토부장관, 도지사
(3) 입안제안: 주민(이해관계자 포함) ⇨ 입안권자

결정·고시
(1) 원칙: 시·도지사(직접 또는 시장·군수의 신청)
(2) 예외: 국토부장관
(3) 효력발생시기: 지형도면을 고시한 날부터

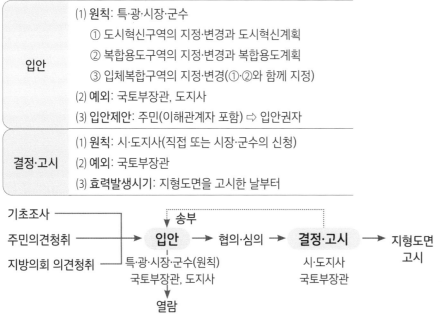

기초조사 ─┐
주민의견청취 ─┤→ 입안 →(송부)→ 협의·심의 → 결정·고시 → 지형도면 고시
지방의회 의견청취 ─┘
입안: 특·광·시장·군수(원칙), 국토부장관, 도지사 → 열람
결정·고시: 시·도지사, 국토부장관

도시 혁신 구역
(1) 지정권자: 공간재구조화계획 결정권자
  ① 도시·군기본계획에 따른 도심·부도심, 생활권의 중심지역
  ② 주요 기반시설과 연계하여 지역거점 역할을 수행할 지역
(2) 지정제한: 다른 법률로 도시혁신구역과 도시혁신계획 ▨▨ 10
(3) 행위제한: 도시혁신계획으로 따로 정함
(4) 의제: ▨▨ 11구역의 지정, ▨▨ 12구역의 지정
(5) 준용규정: 지구단위계획구역 및 지구단위계획의 실효, 지구단위계획구역에서의 건축

복합 용도 구역
(1) 지정권자: 공간재구조화계획 결정권자
  ① 산업구조 또는 경제활동의 변화로 복합적 토지이용이 필요
  ② 노후건축물 등이 밀집하여 단계적 정비가 필요한 지역
(2) 행위제한: 복합용도계획으로 따로 정함
(3) 의제: ▨▨ 13구역의 지정
(4) 준용규정: 지구단위계획구역 및 지구단위계획의 실효, 지구단위계획구역에서의 건축

💡 1. 기초조사, 환경성 검토·토지적성평가·재해취약성분석: ▨▨ 8 이내에 실시한 경우 생략 가능
  2. ▨▨ 9도시계획위원회 심의: ① 국토부장관이 결정, ② 시·도지사가 도시혁신구역·복합용도구역의 지정을 위해 결정

💡 **하나의 대지가 둘 이상의 용도지역 등에 걸치는 경우 대지의 행위제한 적용 기준**

1. 원칙: 가장 작은 부분의 규모가 ▨▨ 14(도로변에 띠 모양으로 지정된 상업지역은 660m²) 이하인 경우 - 전체 대지에 행위제한 적용
  ① 건축제한: 가장 넓은 면적
  ② 건폐율·용적률: 가중평균한 값

제1종 전용 주거지역 800m²	제2종 전용 주거지역 200m²

도로

2. 예외
  ① 건축물이 고도지구에 걸치는 경우: 건축물과 대지의 전부에 대하여 고도지구의 규정을 적용
  ② 건축물이 방화지구에 걸치는 경우: 건축물 전부에 대하여 방화지구의 규정을 적용. 다만, 경계가 방화벽으로 구획되는 경우는 각각

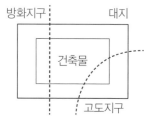

방화지구 / 대지 / 건축물 / 고도지구

  ③ 대지가 녹지지역(녹지지역이 가장 작은 부분으로서 330m² 이하인 경우는 제외)에 걸치는 경우: ▨▨ 15의 규정을 적용. 다만, 건축물이 고도지구 또는 방화지구에 걸치는 경우는 ①·②에 따름

정답 **1** 국토부장관, **2** 20년, **3** 다음 날, **4** 10년, **5** 150%, **6** 200%, **7** 완화, **8** 5년, **9** 중앙, **10** 결정x, **11** 특별건축, **12** 도시개발, **13** 특별건축, **14** 330m², **15** 각각

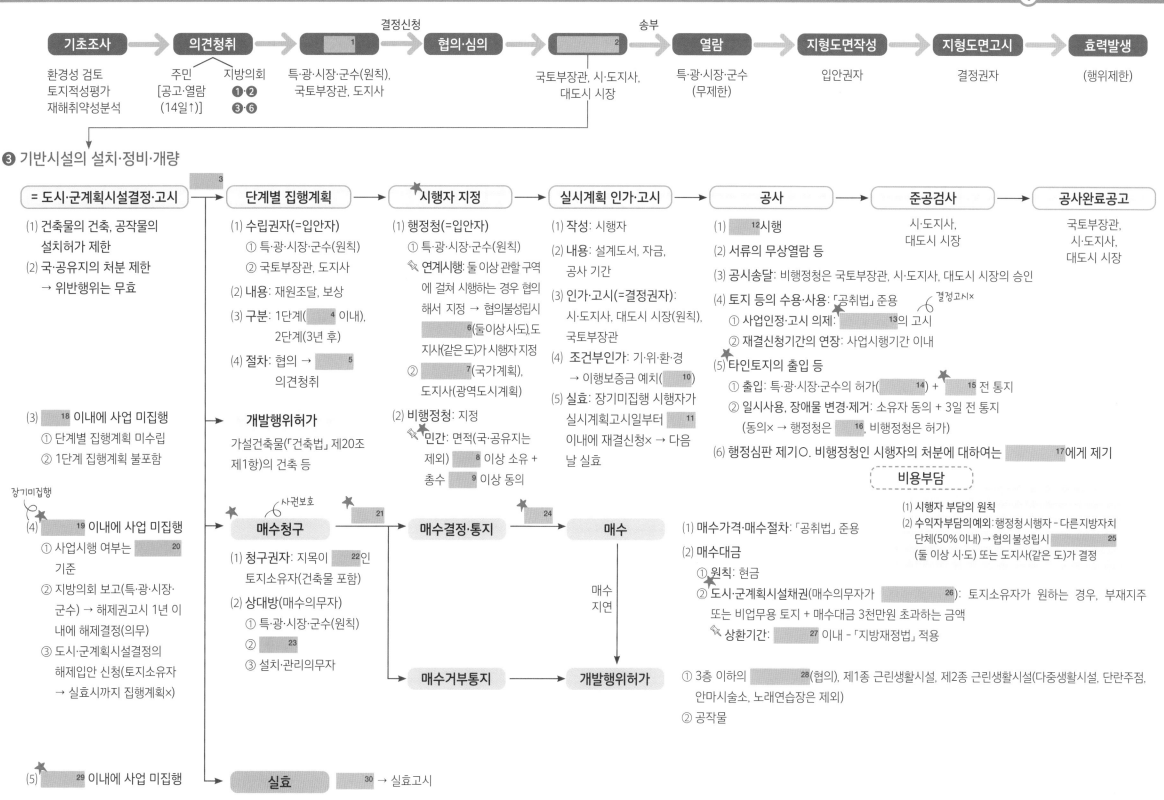

기초조사 → 의견청취 → [1] → 협의·심의 → [2] → 열람 → 지형도면작성 → 지형도면고시 → 효력발생

결정신청 (의견청취 → [1] 사이)
송부 ([2] 위)

- 기초조사: 환경성 검토, 토지적성평가, 재해취약성분석
- 의견청취: 주민[공고·열람(14일↑)], 지방의회 ❶·❷ ❸·❻
- [1]: 특·광·시장·군수(원칙), 국토부장관, 도지사
- [2]: 국토부장관, 시·도지사, 대도시 시장
- 열람: 특·광·시장·군수(무제한)
- 지형도면작성: 입안권자
- 지형도면고시: 결정권자
- 효력발생: (행위제한)

❸ 기반시설의 설치·정비·개량

= 도시·군계획시설결정·고시 [3] → 단계별 집행계획 → 시행자 지정 → 실시계획 인가·고시 → 공사 → 준공검사 → 공사완료공고

= 도시·군계획시설결정·고시 [3]
(1) 건축물의 건축, 공작물의 설치허가 제한
(2) 국·공유지의 처분 제한
 → 위반행위는 무효

(3) [18] 이내에 사업 미집행
 ① 단계별 집행계획 미수립
 ② 1단계 집행계획 불포함

장기미집행
(4) [19] 이내에 사업 미집행
 ① 사업시행 여부는 [20] 기준
 ② 지방의회 보고(특·광·시장·군수) → 해제권고시 1년 이내에 해제결정(의무)
 ③ 도시·군계획시설결정의 해제입안 신청(토지소유자 → 실효시까지 집행계획×)

(5) [29] 이내에 사업 미집행 → 실효 [30] → 실효고시

단계별 집행계획
(1) 수립권자(=입안자)
 ① 특·광·시장·군수(원칙)
 ② 국토부장관, 도지사
(2) 내용: 재원조달, 보상
(3) 구분: 1단계([4] 이내), 2단계(3년 후)
(4) 절차: 협의 → [5] 의견청취

개발행위허가
가설건축물(「건축법」 제20조 제1항)의 건축 등

사권보호
매수청구 [21] → **매수결정·통지** [24] → **매수**
(1) 청구권자: 지목이 [22]인 토지소유자(건축물 포함)
(2) 상대방(매수의무자)
 ① 특·광·시장·군수(원칙)
 ② [23]
 ③ 설치·관리의무자

→ **매수거부통지** → **개발행위허가**
매수 지연

시행자 지정
(1) 행정청(=입안자)
 ① 특·광·시장·군수(원칙)
 연계시행: 둘 이상 관할 구역에 걸쳐 시행하는 경우 협의해서 지정 → 협의불성립시 [6](둘이상 시·도),도지사(같은 도)가 시행자 지정
 ② [7](국가계획), 도지사(광역도시계획)
(2) 비행정청: 지정
 민간: 면적(국·공유지는 제외) [8] 이상 소유 + 총수 [9] 이상 동의

실시계획 인가·고시
(1) 작성: 시행자
(2) 내용: 설계도서, 자금, 공사 기간
(3) 인가·고시(=결정권자): 시·도지사, 대도시 시장(원칙), 국토부장관
(4) 조건부인가: 기·위·환·경 → 이행보증금 예치([10])
(5) 실효: 장기미집행 시행자가 실시계획고시일부터 [11] 이내에 재결신청× → 다음 날 실효

공사
(1) [12]시행
(2) 서류의 무상열람 등
(3) 공시송달: 비행정청은 국토부장관, 시·도지사, 대도시 시장의 승인
(4) 토지 등의 수용·사용: 「공취법」 준용
 ① 사업인정·고시 의제: [13]의 고시 (결정고시×)
 ② 재결신청기간의 연장: 사업시행기간 이내
(5) 타인토지의 출입 등
 ① 출입: 특·광·시장·군수의 허가([14]) + [15] 전 통지
 ② 일시사용, 장애물 변경·제거: 소유자 동의 + 3일 전 통지 (동의× → 행정청은 [16], 비행정청은 허가)
(6) 행정심판 제기O. 비행정청인 시행자의 처분에 대하여는 [17]에게 제기

준공검사
시·도지사, 대도시 시장

공사완료공고
국토부장관, 시·도지사, 대도시 시장

(1) 매수가격·매수절차: 「공취법」 준용
(2) 매수대금
 ① 원칙: 현금
 ② 도시·군계획시설채권(매수의무자가 [26]): 토지소유자가 원하는 경우, 부재지주 또는 비업무용 토지 + 매수대금 3천만원 초과하는 금액
  상환기간: [27] 이내 - 「지방재정법」 적용
 ① 3층 이하의 [28](협의), 제1종 근린생활시설, 제2종 근린생활시설(다중생활시설, 단란주점, 안마시술소, 노래연습장은 제외)
 ② 공작물

비용부담
(1) 시행자 부담의 원칙
(2) 수익자부담의 예외: 행정청시행자 - 다른지방자치단체(50% 이내) → 협의불성립시 [25](둘 이상 시·도) 또는 도지사(같은 도)가 결정

정답 1 입안, 2 결정·고시, 3 3개월, 4 3년, 5 지방의회, 6 국토부장관, 7 국토부장관, 8 2/3, 9 1/2, 10 공공×, 11 5년, 12 분할, 13 실시계획, 14 비행정청, 15 7일, 16 통지, 17 지정한 자, 18 2년, 19 10년, 20 실시계획인가, 21 6개월, 22 대(垈), 23 시행자, 24 2년, 25 행정안전부장관, 26 지방자치단체, 27 10년, 28 단독주택, 29 20년, 30 다음 날

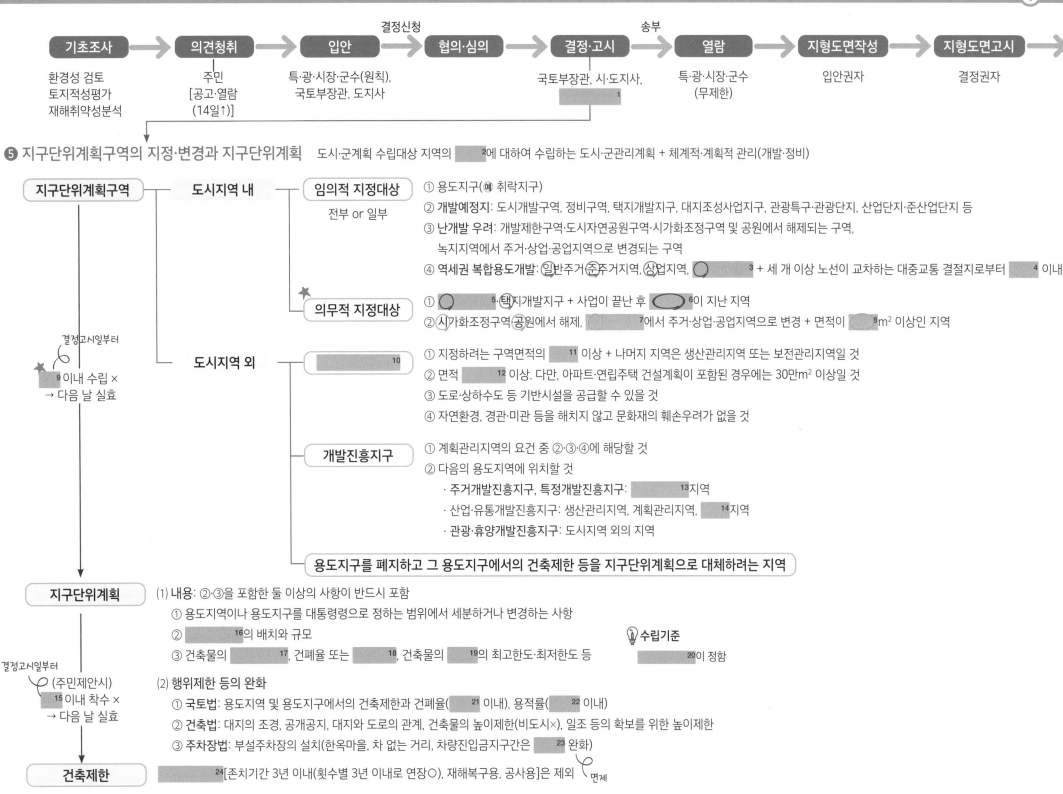

기초조사 → 의견청취 → 입안 →(결정신청)→ 협의·심의 → 결정·고시 →(송부)→ 열람 → 지형도면작성 → 지형도면고시 → 효력발생

환경성 검토 / 토지적성평가 / 재해취약성분석

주민 [공고·열람 (14일↑)]

특·광·시장·군수(원칙), 국토부장관, 도지사

국토부장관, 시·도지사, **1**

특·광·시장·군수 (무제한)

입안권자

결정권자

(행위제한)

❺ 지구단위계획구역의 지정·변경과 지구단위계획　도시·군계획 수립대상 지역의 **2**에 대하여 수립하는 도시·군관리계획 + 체계적·계획적 관리(개발·정비)

지구단위계획구역

도시지역 내

임의적 지정대상 (전부 or 일부)
① 용도지구(예 취락지구)
② 개발예정지: 도시개발구역, 정비구역, 택지개발지구, 대지조성사업지구, 관광특구·관광단지, 산업단지·준산업단지 등
③ 난개발 우려: 개발제한구역·도시자연공원구역·시가화조정구역 및 공원에서 해제되는 구역, 녹지지역에서 주거·상업·공업지역으로 변경되는 구역
④ 역세권 복합용도개발: 일반주거·준주거지역, 상업지역, ◯ **3** + 세 개 이상 노선이 교차하는 대중교통 결절지로부터 **4** 이내

★ **의무적 지정대상**
① ◯ **5**·택지개발지구 + 사업이 끝난 후 ◯ **6**이 지난 지역
② 시가화조정구역·공원에서 해제, ◯ **7**에서 주거·상업·공업지역으로 변경 + 면적이 **8**m² 이상인 지역

도시지역 외

10
① 지정하려는 구역면적의 **11** 이상 + 나머지 지역은 생산관리지역 또는 보전관리지역일 것
② 면적 **12** 이상. 다만, 아파트·연립주택 건설계획이 포함된 경우에는 30만m² 이상일 것
③ 도로·상하수도 등 기반시설을 공급할 수 있을 것
④ 자연환경, 경관·미관 등을 해치지 않고 문화재의 훼손우려가 없을 것

개발진흥지구
① 계획관리지역의 요건 중 ②·③·④에 해당할 것
② 다음의 용도지역에 위치할 것
· 주거개발진흥지구, 특정개발진흥지구: **13**지역
· 산업·유통개발진흥지구: 생산관리지역, 계획관리지역, **14**지역
· 관광·휴양개발진흥지구: 도시지역 외의 지역

용도지구를 폐지하고 그 용도지구에서의 건축제한 등을 지구단위계획으로 대체하려는 지역

★ 결정고시일부터 **9** 이내 수립 × → 다음 날 실효

지구단위계획

결정고시일부터 (주민제안시) **15** 이내 착수 × → 다음 날 실효

(1) 내용: ②·③을 포함한 둘 이상의 사항이 반드시 포함
① 용도지역이나 용도지구를 대통령령으로 정하는 범위에서 세분하거나 변경하는 사항
② **16**의 배치와 규모
③ 건축물의 **17**, 건폐율 또는 **18**, 건축물의 **19**의 최고한도·최저한도 등

💡 **수립기준** **20**이 정함

(2) 행위제한 등의 완화
① 국토법: 용도지역 및 용도지구에서의 건축제한과 건폐율(**21** 이내), 용적률(**22** 이내)
② 건축법: 대지의 조경, 공개공지, 대지와 도로의 관계, 건축물의 높이제한(비도시×), 일조 등의 확보를 위한 높이제한
③ 주차장법: 부설주차장의 설치(한옥마을, 차 없는 거리, 차량진입금지구간은 **23** 완화)

건축제한
24[존치기간 3년 이내(횟수별 3년 이내로 연장○), 재해복구용, 공사용]은 제외 ⟵ 면제

정답　**1** 시장·군수, **2** 일부, **3** 준공업지역, **4** 1km, **5** 정비구역, **6** 10년, **7** 녹지지역, **8** 30만, **9** 3년, **10** 계획관리지역, **11** 50%, **12** 3만m², **13** 계획관리, **14** 농림, **15** 5년, **16** 기반시설, **17** 용도제한, **18** 용적률, **19** 높이, **20** 국토부장관, **21** 150%, **22** 200%, **23** 100%, **24** 가설건축물

허가 신청

1. 신청서 제출 + 계획서[②반시설의 설치(개발밀도관리구역은 제외), ⑨해방지, ⑨경오염방지, ②관·조경] 첨부

⭐⭐⭐
2. 허가대상 개발행위([_____1은 제외)

건축물의 건축	「건축법」에 따른 건축물의 건축
공작물의 설치	인공을 가하여 제작한 시설물의 설치
토지의 형질변경	절토·성토·정지·포장 등의 방법으로 토지의 형상을 변경하는 행위와 공유수면의 매립([_____2을 위한 형질변경은 제외)
토석채취	흙·모래·자갈·바위 등의 토석을 채취하는 행위(토지의 형질변경을 목적으로 하는 것은 제외)
토지분할	(건축물이 있는 대지는 제외) ① 녹지, 관리, 농림, 자연환경보전지역 ②「건축법」에 따른 대지분할제한면적에 미만 ③ 너비 5m 이하
물건의 적치	녹지지역·관리지역 또는 자연환경보전지역에서 사용승인을 받은 건축물의 울타리 안이 아닌 토지에 물건을 [___3 이상 쌓아놓는 행위

⭐
3. 허가사항의 변경: 변경허가. 다만, 경미한 사항의 변경[① 사업기간의 단축, ② 부지면적 및 건축물(공작물) 연면적의 5% 범위에서 [___4은 제외 → 지체 없이 허가권자에게 통지

4. 예외적 허용
  (1) 재해복구·재난수습을 위한 응급조치: [___5 이내에 신고
  (2) 경미한 행위: 농사, 공용·공익·공공
   ① 녹지, 관리, 농림지역에서 농림어업용 비닐하우스의 설치(양식장은 제외)
   ② 조성이 완료된 대지에 건축물이나 공작물을 설치하기 위한 형질변경 (절토·성토는 제외)
   ③ 토지의 일부가 도시·군계획시설로 지형도면 고시가 된 해당 토지의 분할

공공시설의 귀속
  • 새로 설치한 공공시설: [___6에 무상귀속
  • 용도폐지되는 종래의 시설: 행정청 - [___7, 비행정청 - 무상양도가능(설치비용의 범위)

허가절차

1. 허가권자: 특·광·시장 또는 군수 - 처리기간은 15일(협의·심의기간은 [___8)

2. 허가기준
  (1) 개발행위의 규모
   ① 보전녹지, 자연환경보전지역: [___9m² 미만
   ② 주거, 상업, 자연녹지, 생산녹지지역: ①만m² 미만
   ③ 공업, 관리, 농림지역: 3만m² 미만
  (2) 도시·군관리계획, [___10(5년마다 타당성 검토)
  (3) 도시·군계획사업 → 시행자 의견청취
  (4) 주변환경, 경관
  (5) 기반시설의 설치 또는 용지확보

⭐
3. 성장관리계획구역
  (1) 지정권자: 특·광·시장 또는 군수(허가권자) -녹지, 관리, 농림, 자연환경보전지역
  (2) 지정절차: 주민의견청취[공람([___11 이상)] ⇨ 지방의회 의견청취(60일) ⇨ 협의(30일)·심의 ⇨ 고시·열람
  (3) 행위제한 완화: 성장관리계획구역 내 ① 계획관리지역(건폐율 [___12, 용적률 [___13 이내), ② 생산녹지·자연녹지지역, 생산관리지역, 농림지역(건폐율 [___14 이내)에서 완화적용

⭐
4. 허가제한
  (1) 제한권자: 국토부장관, 시·도지사, 시장·군수
  (2) 제한절차: 의견청취(시장·군수) ⇨ [___15(도계위) ⇨ 고시
  (3) 제한사유·기간

① 녹지지역, 계획관리지역 + 수목 생육, 조수류 서식, 우량농지 등 보전 필요가 있는 지역	1회 [___16 이내
② 주변환경, 경관, 미관, 국가유산 등이 오염되거나 손상될 우려가 있는 지역	
③ 도시·군기본계획, 도시·군관리계획을 수립하고 있는 지역	[___19[1회 3년 이내 + 1회 2년 이내 연장 (심의×)]
④ ◯ [___17으로 지정된 지역	
⑤ ◯ [___18으로 지정된 지역	

허가 처분
내용 서면통지

불허가 처분
사유 서면 통지

⭐
조건부 허가
*의견청취(허가신청자)
① ◯ [___22의 설치, 용지확보
② ◯ [___23
③ 환경오염방지
④ 경관·조경

준공검사
① 건축물의 건축
② 공작물의 설치
③ 토지의 형질변경
④ [___20

위반시 조치
1. 무허가 행위: [___21명령 ⇨ 행정대집행
2. 무허가 행위자: 처벌(3년, 3천)

⭐
이행보증금
① 국가·[___24, 공공기관, 공공단체는 제외
② 총공사비[___20% 이내
③ [___25 후 즉시 반환

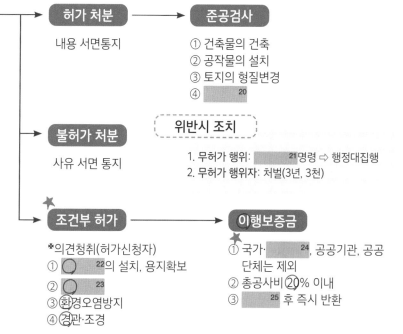

기반시설연동제
1. 개발밀도관리구역(기개발지)
  (1) 지정권자: 특·광·시장 또는 군수(임의적)
  (2) 지정대상: 기반시설의 설치가 [___26 + 주거·상업·공업지역(도로, 상·하수도, 학교 - 2년, 20% 이내, 20% 이상 초과·미달)
  (3) 지정절차: 심의(도계위) ⇨ 지정·고시
  (4) 지정효과: 건폐율 또는 용적률 [___27적용 → 용적률 최대한도의 [___28 범위에서 강화적용
        건폐율×

2. 기반시설부담구역(신개발지)
  (1) 지정권자: 특·광·시장 또는 군수(의무적)
  (2) 지정대상: 기반시설의 설치가 필요한 지역 + 행위제한이 [___29되는 지역, 개발행위가 집중되는 지역(허가 건수, 인구증가율 [___30 이상)
  (3) 지정절차: [___31 ⇨ 심의(도계위) ⇨ 지정·고시
  (4) 기반시설설치계획: [___32 수립× → 다음 날 해제
  (5) 기반시설설치비용의 납부
   ① [___33를 초과하는 건축물의 신축·증축행위를 하는 자
   ② 현금납부(원칙), [___34로 물납 인정 → 건축허가시 2개월 이내에 부과 → [___35 신청시까지 납부
   ③ 기반시설유발계수: 위락시설(2.1) > [___36시설(1.9) > 제2종 근린생활시설(1.6)

정답 **1** 도시·군계획사업, **2** 경작, **3** 1개월, **4** 축소, **5** 1개월, **6** 관리청, **7** 무상귀속, **8** 제외, **9** 5천, **10** 성장관리계획, **11** 14일, **12** 50%, **13** 125%, **14** 30%, **15** 심의, **16** 3년, **17** 지구단위계획구역, **18** 기반시설부담구역, **19** 5년, **20** 토석채취, **21** 원상회복, **22** 기반시설, **23** 위해방지, **24** 지자체, **25** 준공검사, **26** 곤란, **27** 강화, **28** 50%, **29** 완화, **30** 20%, **31** 주민의견청취, **32** 1년 이내, **33** 200m², **34** 토지, **35** 사용승인, **36** 관광휴게

✎ **도시개발사업**: 도시개발구역에서 주거·상업·산업·유통 등의 기능이 있는 단지 또는 시가지를 조성하는 사업[농지·산지 → 공사(토지형질변경 + 토지구획정리) → 택지 개발]

개발계획 수립 →

1. 수립·변경: 지정권자

(1) **원칙**: 시·도지사, 대도시 시장

  *⭐**걸치는 경우**: 협의하여 정함

(2)   1

    ① 국가가 개발

    ② 중앙행정기관의 장이   2

    ③ 공공기관·정부출연기관의 장이 30만m² 이상으로   3

    ④ 시·도지사, 대도시 시장의 협의 성립×

    ⑤ 천재지변 등 긴급

(3) **지정요청**: 시장·군수·구청장 → 시·도지사

(4) **지정제안**: 국가·지자체, 4을 제외한 시행자

    → 시장·군수·구청장

  *⭐토지소유자 등 민간시행자는 면적 2/3 이상 동의

2. 수립시기

(1) **원칙**: 개발구역 지정 전

(2) **예외**: 개발구역 지정 후(2년 이내)

    ① 개발계획 공모

    ② 5, 생산녹지, 비도시지역

    ③ 주거·상업·공업지역이 6 이하

    ④ 국토부장관이 지정(자연환경보전지역×)

3. ⭐환지방식: 토지면적(국·공유지 7) 2/3 이상 + 토지소유자 총수 1/2 이상 동의. 다만, 시행자가 8인 경우 동의×

4. 내용: 도시개발구역의 명칭·위치와 면적, 지정목적 및 사업시행기간, 시행자, 시행방식 등(지구단위계획 ×)

  ✎ **도시개발구역 지정 후 포함 가능**: ① 도시개발구역 밖에 기반시설 설치비용 부담, ② 수용대상 토지 등의 세목, ③ 세입자의 주거·생활안정대책, ④ 단계적 사업추진

5. 수립기준: 국토부장관이 정함

(1) 광역도시계획, 도시·군기본계획에 부합

(2) 330만m² 이상은 주거·생산·교육·유통·위락 등의 기능이 상호 조화

도시개발구역 지정 →

1. 지정대상·규모: 결합개발, 분할시행(1만m² 이상)

도시지역	· 주거지역, 상업지역, 자연녹지지역, 생산녹지지역: ◯9m² 이상 · 공업지역: 3만m² 이상
비도시지역	10m² 이상(10만m² 예외)

2. 지정절차: 기초조사(임의적) ⇨ 주민의견청취[공람이나 공청회 (100만m² 이상)] ⇨ 협의(11m² 이상시 국토부장관)·심의 ⇨ 지정·고시 ⇨ 공람(14일 이상)

3. ⭐지정효과

(1) 도시지역과 지구단위계획구역으로 결정·고시 의제. 다만, 12지구는 제외

(2) **행위제한**

    ① **허가대상**: 건축물(가설건축물 포함)의 건축·대수선·용도변경, 공작물의 설치, 토지의 형질변경, 토석채취, 토지 13 물건을 1개월 이상 쌓아놓는 행위와 죽목의 벌채·식재는 특별시장·광역시장·특별자치도지사·시장 또는 군수의 허가

    ② **예외**: 응급조치, 경미한 행위(농사)

    ③ **기득권 보호**: 공사나 사업에 착수한 자 + 30일 이내 신고

4. 지정해제: 다음 날

(1) **원칙**: 개발계획 ⇨ 도시개발구역

    ① 개발구역 지정·고시일부터 14 이내에 실시계획인가 신청×

    ② 공사완료(환지처분)의 공고일

(2) **예외**: 도시개발구역 ⇨ 개발계획

    ① 도시개발구역 지정·고시일부터 15(330만m² 이상은 16) 이내에 개발계획 수립×

    ② 개발계획 수립·고시일부터 3년(330만m² 이상은 5년) 이내에 실시계획인가 신청×

(3) **해제효과**: 용도지역 환원, 지구단위계획구역 폐지. 다만, 17(환지처분)는 제외

시행자 지정 →

1. 시행자의 지정: 지정권자. 다만, 18방식은 토지소유자 또는 조합을 지정

공공 (대행O)	① 국가·지자체(행정청)
	② 19(한국토지주택공사·한국수자원공사·한국농어촌공사·한국관광공사·한국철도공사·매입공공기관)
	③ 정부출연기관[국가철도공단(역세권 개발)·제주국제자유도시개발센터(제주도 개발)]
	④ 지방공사
민간	⑤ 토지소유자
	⑥ 조합(전부 20 한정)
	⑦ 수도권 외의 지역으로 이전하는 법인
	⑧ 등록사업자, 토목공사업자
	⑨ 부동산개발업자, 부동산투자회사 등

2. 시행자의 변경: ① 실시계획인가 후 21 이내에 사업에 착수×, ② 전부 환지방식의 경우 토지소유자나 조합이 도시개발구역 지정·고시일부터 1년 이내에 실시계획인가 신청×

3. ⭐도시개발조합

(1) **설립인가**: 토지소유자 22 이상 + 정관 작성 → 23의 인가. 변경○. 다만, 주된 사무소 소재지의 변경·공고방법의 변경은 24○

  *⭐**동의요건**: 토지면적(국공유지 포함) 25 이상 + 토지소유자 총수 26 이상

(2) **설립등기**: 설립인가 후 30일 이내 → 성립(사단법인)

(3) **조합원**: 27(동의 불문)

  *토지면적에 관계없이 평등한 의결권

(4) **임원(필수적)**: 조합장 1인, 이사, 감사

    ① 의결권을 가진 조합원 중 28에서 선임

    ② 조합장 또는 이사의 조합과의 계약이나 소송은 29가 조합을 대표

    ③ 그 조합이나 다른 조합의 임·직원 겸직 금지

    ④ 결격(제한능력자, 파산자, 금고 이상 형의 선고나 집행유예)에 해당하게 되면 그 30부터 임원자격 상실

(5) **대의원회(임의적)**: 조합원 수가 31 이상인 조합 → 조합원 총수의 10/100 이상

  ✎ **총회권한대행 제외사항**: ① 정관의 변경, ② 개발계획의 32 수립·변경, ③ 임원의 선임, ④ 합병·해산(청산 후는 제외)

정답 **1** 국토부장관, **2** 요청, **3** 제안, **4** 조합, **5** 자연녹지, **6** 30%, **7** 포함, **8** 국가·지자체, **9** 1만, **10** 30만, **11** 50만, **12** 취락, **13** 분할, **14** 3년, **15** 2년, **16** 5년, **17** 공사완료, **18** 전부 환지, **19** 공공기관, **20** 환지방식, **21** 2년, **22** 7명, **23** 지정권자, **24** 신고, **25** 2/3, **26** 1/2, **27** 토지소유자, **28** 총회, **29** 감사, **30** 다음 날, **31** 50인, **32** 환지계획

실시계획 인가

1. 실시계획 작성: 시행자

　① 내용: 설계도서, 자금계획, 시행기간, ▨▨▨▨▨¹

　② 기준: 개발계획에 부합

2. 실시계획 인가·고시: 지정권자. 경미한 변경×

　① **의견청취**: 국토부장관은 시·도지사 또는 대도시 시장, 시·도지사는 ▨▨▨▨²의 의견청취

　② **효과**: 공사에 착수(2년 이내), 도시·군관리계획 결정·고시 의제(종전 도시·군관리계획은 고시내용으로 ▨▨³), 관련 인·허가 등 의제

3. 시행방식

	수용방식	환지방식
사유	집단적인 (택지의) 조성과 공급	① 대지로서의 효용증진과 공공시설의 정비 ② 지가가 현저히 높은 경우
장점	신속	동의(보상금 확보×)
단점	보상금 확보, 획일적 개발	절차 지연, 복잡
시행자	공공	토지소유자, 조합

✎ **시행방식의 변경○**

　① 공공시행자: 수용방식 → ▨▨▨⁴방식, 혼용방식 → ▨▨⁵방식

　② 시행자(조합×): 수용방식 → ▨▨⁶방식

수용방식에 의한 사업시행

수용·사용

1. 토지 등의 수용·사용

　(1) **민간시행자**: 면적 ▨▨⁷ 이상 소유 + 총수 1/2 이상 동의

　(2) **절차**: 공취법 준용

　　① 사업인정·고시 의제: 수용·사용할 토지의 ▨▨▨▨⁸을 고시한 때

　　② 재결신청기간 연장: 사업시행기간 종료일까지

2. **토지상환채권**(▨▨⁹ 증권): 지정권자의 승인

　(1) **발행**: 시행자 - 토지소유자가 원하는 경우 토지 등의 매수대금의 일부 지급

　(2) **규모**: 분양토지·건축물 면적의 ▨▨¹⁰ 이하

　(3) **제한**: ▨▨¹¹시행자는 지급보증

　(4) **이율**: 발행자가 정함

　(5) **발행계획**: ① 발행총액·이율·발행가액 및 발행시기, ② 토지가격의 추산방법, ③ 보증기관 및 보증의 내용(민간시행자) 등

　(6) **이전**: 취득자의 성명·주소를 ▨▨¹²에 기재요청, 채권에 기재는 대항요건

3. ▨▨▨▨¹³: 지정권자의 승인 - 조성토지 등과 원형지의 공급·이용대금의 전부 또는 일부를 미리 받을 수 있음

　(1) **공공시행자**: 개발계획수립·고시 후 면적 10/100 이상 토지소유권 확보

　(2) **민간시행자**: 실시계획인가 후 공사진척률이 10/100 이상 등

원형지 공급

1. **승인·범위**: 지정권자 → 도시개발구역 전체 토지면적의 ▨▨▨¹⁴ 이내로 공급

2. **공급대상**: ① 국가·지자체, 공공기관, 지방공사, ② 학교나 공장부지로 직접 사용하려는 자 등

3. **원형지개발자의 선정**: 의계약의 방법이 원칙. 다만, 학교나 장부지는 ◯▨▨¹⁵의 방식(2회 이상 유찰시 수의계약)의 방식

4. **공급가격**: 시행자와 원형지개발자가 협의하여 결정

5. **매각제한**(▨▨▨¹⁶는 제외): 공급계약일부터 10년 또는 공사완료일부터 ▨▨¹⁷ 중 먼저 끝나는 기간

준공검사

준공검사·공사완료의 공고(지정권자)

조성토지의 공급

1. **조성토지공급계획**: 지정권자의 승인

2. **공급기준**: 조성토지공급계획에 따라 공급

3. **조성토지의 공급방법**: ◯▨▨¹⁸ 원칙. 다만, ㋬점(① 국민주택규모 이하의 주택건설용지, ② ▨▨▨¹⁹, ③ 330m² 이하 단독주택용지, ④ 공장용지), ◯▨▨²⁰(공공시설용지, 토지상환채권 등)

4. **공급가격**: ▨▨▨²¹ 원칙. 다만, 학교·폐기물처리시설·임대주택 등 공공시설용지는 감정가 이하

정답 ¹ 지구단위계획, ² 시·군·구청장, ³ 변경, ⁴ 전부 환지, ⁵ 전부 환지, ⁶ 혼용, ⁷ 2/3, ⁸ 세부목록, ⁹ 기명식, ¹⁰ 1/2, ¹¹ 민간, ¹² 원부, ¹³ 선수금, ¹⁴ 1/3, ¹⁵ 경쟁입찰, ¹⁶ 국가·지자체, ¹⁷ 5년, ¹⁸ 경쟁입찰, ¹⁹ 공공택지, ²⁰ 수의계약, ²¹ 감정가격

Part 2 도시개발법　39

환지방식에 의한 사업시행

환지계획

1. **절차**: 작성(시행자) ⇨ 인가신청(비행정청인 시행자) ⇨ 특별자치도지사, [____¹]의 인가. 변경○

2. **내용**: ① 환지설계(평가식 원칙), ② 필지별 [____²], ③ 필지별·권리별 청산대상 토지명세, ④ 체비지·보류지의 명세, ⑤ 입체환지용 건축물의 명세 등

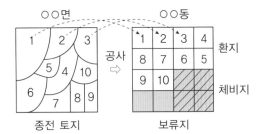

종전 토지 → 보류지

3. **작성기준**
   (1) **적응환지**: 종전 토지와 환지의 위치·지목·면적·토질·수리·이용상황·환경 등을 고려
   (2) **조성토지의 가격평가**: 감정평가 후 토지평가협의회의 [____³]를 거쳐 결정
   (3) **토지부담률**: 시행자가 산정 → [____⁴] 초과 금지. 다만, 지정권자가 인정하는 경우 60%, 토지소유자 총수 2/3 이상이 동의하는 경우 60% 초과 가능

4. **적응환지의 예외**
   (1) **환지부지정**: 토지소유자의 신청·동의([____⁵] 등의 동의 필수)
   (2) **과소토지의 방지**: 면적이 작은 토지 - 증환지, 환지대상에서 제외(환지부지정) / 면적이 넓은 토지 - [____⁶]
   (3) **입체환지**: 토지·건축물 소유자의 신청으로 건축물의 일부와 토지의 지분을 부여 → 1주택 공급이 원칙.
      다만, ① 과밀억제권역×, ② 근로자숙소·기숙사용도, ③ 공공시행자는 소유한 주택수만큼 공급 가능
   (4) **보류지**, [____⁷](사업에 필요한 경비에 충당)

환지예정지

1. **사용·수익권 이동(종전 토지 → [____⁸])**: 토지소유자 또는 [____⁹]는 환지처분의 공고일까지 종전의 토지는 사용·수익할 수 없고, 환지예정지에 종전과 동일한 내용의 권리 행사 가능
   * [____¹⁰]: 시행자가 사용·수익 및 처분 가능

2. **사용·수익의 정지**: 환지부지정인 토지소유자(30일 전까지 통지) → 환지처분의 공고일까지 시행자가 관리

준공검사

공사완료의 공고·공람 ⇨ 의견청취 ⇨ 준공검사(지정권자)

환지처분

환지교부 + 청산결정

1. **시기**: 준공검사(지정권자가 시행자인 경우 공사완료의 공고) 후 [____¹¹]일 이내 → 통지·공고

2. **효과** 소유권
   (1) **권리의 이동(종전 토지 → [____¹²])**: 환지는 환지처분 공고일의 [____¹³]부터 종전 토지로 보며, 환지를 정하지 않은 종전 토지에 있던 권리는 환지처분 공고일이 [____¹⁴]에 소멸
      ✎ 행정상·재판상 처분은 환지처분에 영향×
      [____¹⁵]은 종전 토지에 존속 → 행사할 이익이 없어진 지역권은 환지처분 공고일이 끝나는 때에 소멸
   (2) **체비지·보류지의 귀속**: 체비지는 [____¹⁶], 보류지는 환지계획에서 정한 자가 각각 환지처분 공고일의 다음 날에 소유권 취득. 다만, 이미 처분한 체비지는 매입한 자가 이전등기를 마친 때에 취득

3. **환지등기**: 환지처분의 공고 후 14일 이내에 시행자가 등기소에 촉탁·신청(의무) → 타등기 제한

4. **임차권자 등의 권리조정**: ① 차임 등의 증감청구, ② 계약의 해지, ③ 손실보상의 청구(to. 시행자) → 환지처분의 공고 후 [____¹⁷] 이내 (=환지예정지)

청산

1. **시기**: 환지처분을 하는 때에 결정 ⇨ 환지처분 공고일의 [____¹⁸]에 확정 ⇨ 청산금 징수·교부(분할징수·교부○)
   * [____¹⁹]의 경우 환지처분 전이라도 청산금을 결정하여 교부 가능

2. **소멸시효**: [____²⁰]간 행사×

비용부담

(1) **시행자 부담의 원칙**

(2) **수익자부담의예외 - 행정청시행자**: 다른지방자치단체 (1/2 이내) → 협의 불성립시 [____²¹]장관 또는 시·도지사가 결정

(3) **도시개발채권**: [____²²]가 [____²³]의 승인을 받아 발행 → 도시개발사업이나 도시·군계획시설사업에 필요한 자금 조달
   ① 전자등록 발행, 무기명 발행
   ② 상환기간: [____²⁴]부터 10년까지 범위에서 조례로 정함
   ③ 소멸시효: 원금 [____²⁵], 이자 2년
   ④ 매입의무자: 공공시행자와 공사도급계약을 체결하는 자, 민간시행자, [____²⁶] 허가를 받는 자 → 매입필증 5년간 따로 보관

정답 ¹ 시장·군수·구청장, ² 환지명세, ³ 심의, ⁴ 50%, ⁵ 임차권자, ⁶ 감환지, ⁷ 체비지,
⁸ 환지예정지, ⁹ 임차권자, ¹⁰ 체비지, ¹¹ 60, ¹² 환지, ¹³ 다음 날, ¹⁴ 끝나는 때,
¹⁵ 지역권, ¹⁶ 시행자, ¹⁷ 60일, ¹⁸ 다음 날, ¹⁹ 환지부지정, ²⁰ 5년, ²¹ 행정안전부,
²² 시·도지사, ²³ 행정안전부장관, ²⁴ 5년, ²⁵ 5년, ²⁶ 토지형질변경

1. 정비사업: 정비구역에서 정비기반시설을 정비하거나 주택 등 노후·불량건축물을 개량 또는 건설하는 다음의 사업 → 도시기능의 회복

	의의		시행방법	시행자
	정비기반시설	노후·불량건축물		
	[1] 열악	과도 밀집		
주거환경 개선사업	· 도시저소득주민이 집단거주하는 지역으로서 주거환경을 개선 · 단독주택 및 다세대주택이 밀집한 지역에서 정비기반시설 등의 확충을 통하여 주거환경을 [2]		①(자)율주택정비 ②(수)용 ③(환)지 ④ ○ [3](주택) *각각 또는 혼용방법 가능	· ① 방법: [4] 등(원칙), 토지주택공사 등(토지등소유자 과반수 동의) · ②·③·④방법: 시장·군수 등, 토지주택공사 등 단독 또는 공동(건설사업자·등록사업자) - 토지등소유자 2/3 이상 + 세입자 과반수(토지등소유자 [5] 이하는 생략) 동의
재개발 사업	열악	밀집	① 관리처분(건축물) ② 환지	조합 또는 토지등소유자([7] 미만인 경우) 단독 또는 공동(시장·군수 등, 토지주택공사 등, 건설사업자·등록사업자, 신탁업자, 한국부동산원)
	· 주거환경을 개선 · [6]지역 등에서 상권활성화 등 도시환경을 개선 ✎ 공공재개발: 시장·군수 등, 토지주택공사 등이 시행자 + 일반분양분의 20% 이상 50% 이하에서 지분형주택, 임대주택으로 공급			
재건축 사업	[8]	공동주택이 밀집	관리처분(주택·오피스텔) 오피스텔: [10]에서 전체 연면적 30% 이하	[11] 단독 또는 공동(시장·군수 등, 토지주택공사 등, 건설사업자·등록사업자)
	· 주거환경을 개선 ✎ 공공재건축: 시장·군수 등, 토지주택공사 등이 시행자 + 종전 세대수 [9] 이상 건설·공급			

2. 토지등소유자: ① 주거환경개선사업·재개발사업 – 정비구역에 위치한 토지 또는 건축물의 소유자 또는 [12], ② 재건축사업 – 정비구역에 위치한 건축물 및 [13]의 소유자

3. 노후·불량건축물

(1) 건축물이 훼손되거나 일부가 멸실되어 붕괴, 그 밖의 안전사고의 우려가 있는 건축물

(2) 내진성능이 확보되지 않은 건축물

(3) 주거환경이 불량한 곳에 위치 + 새로 건설하는 경우 효용의 현저한 증가가 예상되는 건축물: 준공일 기준으로 ○ [14]까지 (사)용하기 위한 보수·보강 비용이 철거 후 새로이 건설하는 데 드는 비용보다 클 것으로 예상되는 건축물

(4) 도시미관을 저해하거나 노후화된 건축물: 준공된 후 20년 이상 [15] 이하의 범위에서 조례로 정하는 기간이 지난 건축물

4. 정비기반시설: 도로·상하수도·구거(도랑), 공원, 공용주차장, [16], 열·가스 등의 공급시설, 녹지·하천·공공공지, [17] 등

5. [18]시설: 놀이터·마을회관·공동작업장, 구판장·세탁장·탁아소·어린이집·경로당 등

6. 시장·군수 등: (특별자치시장·특별자치도지사), 시장·군수·구청장

토지주택공사 등: 한국토지주택공사 또는 지방공사

7. 정관 등: ① 조합 – 정관, ② 토지등소유자 – [19], ③ 시장·군수 등, 토지주택공사 등, 신탁업자 – 시행규정

💡 **정비사업조합**: 설립의무. 다만, [20]사업은 예외

1. 추진위원회

(1) 구성: 정비구역지정·고시 후 [21] 이상 위원(위원장 포함) + 토지등소유자 과반수 동의 + 시장·군수 등의 승인 → 추진위원장 1명과 감사(이사×)

(2) 업무: 정비사업전문관리업자의 선정, 설계자의 선정, 개략적인 사업시행계획서의 작성, 조합설립인가를 받기 위한 준비업무

2. 설립인가: 시장·군수 등 → 변경시 조합원 2/3 이상 찬성 + 변경인가. 다만, 경미한 변경은 신고

(1) 재개발사업: 토지등소유자 ○ ○[22] 이상 + 토지면적 ○ ○[23] 이상 동의

(2) 재건축사업: 동별 구분소유자 과반수 + 전체 구분소유자 및 토지면적 4분의 3 이상 동의. 다만, 주택단지가 아닌 지역은 토지 또는 건축물소유자 ○ ○[24] 이상 + 토지면적 ○ ○[25] 이상 동의

3. 설립등기(의무): 설립인가 후 30일 이내 → 성립(사단법인)

4. 조합원: 토지등소유자([26]사업은 동의한 자만 해당)
✎ 투기과열지구의 재건축사업은 조합설립인가 후, 재개발사업은 관리처분계획인가 후 조합원 지위 양도×(상속·이혼은 제외)

5. 임원(필수적): 조합장[거주(선임일~관리처분계획인가입)] 1명, 이사([27] 이상), 감사 - 임기 [28] 이하(연임O), 다른 조합의 임·직원 겸직 금지

(1) 자격요건: 조합원으로서 건축물 또는 토지의 소유자(공유는 가장 많은 지분) 중 [29] 이상 건축물이나 토지 소유 or 1년 이상 거주

(2) 임원이 결격사유(제한능력자, 파산자 등)에 해당하게 되거나 자격요건을 갖추지 못하면 당연퇴임. 다만, 퇴임 전의 행위는 효력을 [30]

6. 총회(필수적): 조합장 or 조합원 1/5(임원의 해임 등은 [31] 이상 요구로 조합장이 소집 → 조합원 10% 이상 직접 출석. 다만, 시공자 선정은 [32]가 직접 출석, 시공자 선정 취소와 사업시행계획서·관리처분계획은 조합원 20% 이상 직접 출석
✎ 정관 변경: 조합원 과반수(조합원의 자격·제명·탈퇴·교체, 정비구역의 위치·면적 등은 [33] 이상) 찬성 + 인가

7. 대의원회(필수적): 조합원 [34] 이상 → 대의원회는 조합원 1/10 이상

(1) [35]이 아닌 임원(이사·감사)은 대의원×

(2) 총회권한대행 제외사항: ①정관변경, ②사업시행계획, ③관리처분계획, ④임원의 선임·해임, ⑤합병·해산([36]는 제외)

💡 **주민대표회의**: 시장·군수 등, 토지주택공사 등이 시행

1. 구성의무: 정비구역지정·고시 후 토지등소유자 과반수 동의 + 시장·군수 등의 승인 → 위원장·부위원장 각 1명과 감사(이사×)

2. 구성원: 5명 이상 [37] 이하 → 시행자에게 의견제시

정답　[1] 극히, [2] 보전·정비·개량, [3] 관리처분, [4] 시장·군수, [5] 1/2, [6] 상업 공업, [7] 20인, [8] 양호, [9] 160%, [10] 준주거·상업지역, [11] 조합, [12] 지상권자, [13] 부속토지, [14] 40년, [15] 30년, [16] 공동구, [17] 광장, [18] 공동이용, [19] 규약, [20] 재개발, [21] 5명, [22] 4분의 3, [23] 2분의 1, [24] 4분의 3, [25] 3분의 2, [26] 재건축, [27] 3명, [28] 3년, [29] 5년, [30] 잃지 않는다., [31] 1/10, [32] 과반수, [33] 2/3, [34] 100명, [35] 조합장, [36] 사업완료, [37] 25명

정비기본계획 ──────────→ 정비계획 ────── 도시계획위원회의 심의 ────── 정비구역 ── 지정·고시 ⇨ 보고(국토부장관), 열람

정비기본계획

1. **수립의무**: 특별시장·광역시장·시장(도지사가 수립할 필요가 없다고 인정하는 대도시가 아닌 시는 예외○) - ___1 단위로 수립 + ___2 타당성 검토
   * ___3가 아닌 시장은 도지사의 승인
2. **내용**: ① 정비사업의 기본방향·계획기간, ② 정비예정구역의 개략적 범위, ③ 단계별 정비사업추진계획, ④ 건폐율·용적률 등 건축물의 밀도계획, ⑤ 세입자의 주거안정대책 등
3. **절차**: 주민공람(___4 이상) ⇨ 지방의회 의견청취(60일 이내에 의견제시)
   ⇨ 협의·심의 ⇨ 수립·보고(국토부장관), 열람
   ✎ 경미한 변경은 절차 생략 가능
      ① 정비기반시설의 규모 확대 또는 10% 미만의 축소
      ② 정비사업의 계획기간의 단축
      ③ 정비예정구역의 면적 ___5% 미만의 변경 등
4. **작성기준**: 국토부장관이 정함

💡 시행자
(1) 시장·군수 등, 토지주택공사 등: 주거환경개선사업
(2) 조합(원칙) - 조합설립인가 후 총회에서 ___6(다만, 100인 이하는 정관)의 방법으로 건설사업자·등록사업자를 시공자 선정
(3) 토지등소유자(재개발사업) - 사업시행계획인가 후 ___7에 따라 건설사업자·등록사업자를 시공자 선정
(4) 재개발·재건축사업의 공공시행자
   ① 천재지변 등 긴급하게 정비사업을 시행할 필요가 있다고 인정하는 때
   ② 정비계획에서 정한 정비사업시행예정일부터 2년 이내에 사업시행계획인가 신청×(재건축사업은 제외)
   ③ 추진위원회가 승인을 받은 날부터 ___8 이내에 조합설립인가 신청× or 조합이 설립인가를 받은 날부터 ___9 이내에 사업시행계획인가 신청×
   ④ 정비구역의 국·공유지 면적이 전체 토지면적의 1/2 이상 + 토지등소유자의 과반수가 동의하는 때
   ⑤ 순환정비방식 등

정비계획

1. **입안권자**: 구청장·광역시의 군수(구청장 등)는 정비계획을 입안하여 특별시장·광역시장에게 정비구역 지정 신청. 다만, 시장 또는 군수(도)는 정비계획을 입안하여 직접 정비구역 지정
2. **입안제안**: 토지등소유자 → 입안권자
   ① 정비계획 입안시기가 지난 경우
   ② 토지주택공사 등을 사업시행자로 지정 요청하려는 경우
   ③ 토지등소유자 2/3 이상의 동의로 정비계획 변경을 요청하는 경우
   ④ 공공재개발사업 또는 공공재건축사업을 추진하려는 경우 등
3. **내용**: ① 정비사업의 명칭, 정비구역의 위치·면적, ② 도시·군계획시설의 설치, ③ 건축물의 주용도·건폐율·용적률·높이, ④ 세입자의 주거대책, ⑤ 지구단위계획에 관한 사항 등
4. **절차**: 주민 서면통보, 주민설명회 및 주민공람(___10 이상) ⇨ 지방의회 의견청취(___11 이내에 의견제시) ⇨ 입안
5. **재건축사업의 안전진단**
   (1) **안전진단의 실시**: 입안권자 - 정비계획 수립시기가 도래한 때(원칙). 토지등소유자 ___12 이상의 동의를 받아 요청하는 경우(비용부담)
   (2) **대상**: 주택단지의 건축물. 다만, 주택 붕괴나 구조안전상 사용금지가 필요한 경우 등은 제외
   (3) **안전진단 실시 여부의 결정(사전결정)**: 입안권자(현지조사) ⇨ 안전진단 실시(안전진단전문기관, 국토안전관리원, 한국건설기술연구원)
   (4) **정비계획 ___13 여부의 결정(종국결정)**: 입안권자(안전진단결과, 도시계획, 지역여건 등 종합 검토) ⇨ 특별시장·광역시장·도지사에게 보고(적정성 검토) ⇨ 취소 요청

정비구역

1. **지정권자**: 특별시장·광역시장·시장 또는 군수(광역시는 제외)
2. **지정효과**
   (1) 지구단위계획구역과 지구단위계획 결정·고시 의제 (대수선×)
   (2) **행위제한**: 건축물(가설건축물 포함)의 건축·___14, 공작물의 설치, 토지형질변경, 토석채취, 토지분할, 물건을 ___15 이상 쌓아놓는 행위와 죽목의 벌채·식재는 시장·군수 등의 허가. 다만, 응급조치·안전조치, 경미한 행위는 예외
      ✎ 기득권 보호: 공사·사업에 착수한 자 + ___16 이내 신고
   (3) **행위의 소급제한**: 국토부장관, 시·도지사, 시장·군수·구청장은 기본계획을 공람 중인 정비예정구역이나 정비계획을 수립하는 지역에 3년 이내(1년 연장○)로 다음의 행위제한 가능 → ① 건축물의 건축, ② 토지 ___17, ③ 집합건축물대장으로 전환, ④ 집합건축물의 전유부분 분할
   (4) ___18주택조합의 조합원 모집×
3. **지정해제(의무적)** → 용도지역·정비기반시설 등이 환원, 자율주택정비방법으로 시행하는 주거환경개선구역으로 지정 가능
   ① 정비구역 지정 예정일부터 ___19 이내에 정비구역 지정×
   ② 토지등소유자가 정비구역 지정·고시일부터 ②년 이내에 추진위원회의 승인 신청×
   ③ 추진위원회가 승인일부터 ②년 이내에 조합설립인가 신청×
   ④ 조합이 설립인가일부터 3년 이내에 사업시행계획인가 신청×
   ⑤ 토지등소유자가 시행하는 재개발사업으로서 정비구역지정·고시일부터 ___20 이내에 사업시행계획인가 신청×
   *직권해제(임의적)
      1. 토지등소유자 ___21% 이상이 해제 요청(추진위 구성×)
      2. 토지등소유자 과반수가 해제 요청(추진위 구성○)

정답 ¹ 10년, ² 5년마다, ³ 대도시, ⁴ 14일, ⁵ 20, ⁶ 경쟁입찰, ⁷ 규약, ⁸ 3년, ⁹ 3년, ¹⁰ 30일, ¹¹ 60일, ¹² 1/10, ¹³ 입안, ¹⁴ 용도변경, ¹⁵ 1개월, ¹⁶ 30일, ¹⁷ 분할, ¹⁸ 지역, ¹⁹ 3년, ²⁰ 5년, ²¹ 30

42 해커스 공인중개사 land.Hackers.com

→ **사업시행계획인가** → 분양신청 → **관리처분계획인가** → 철거·공사 ⇨ 준공인가·공사완료의 고시 → **이전·고시** 등기 ⇨ 청산

사업시행계획인가

1. **절차**: 사업시행계획서 작성(시행자) ⇨ 총회의결 ⇨ 사업시행계획인가·고시(시장·군수 등, ____[1] 이내). 변경·중지·폐지 O. 다만, 경미한 변경은 신고
2. **내용**: ① 정비기반시설의 설치, ② 용적률·높이 등 건축계획, ③ 주민 및 세입자 이주대책, ④ 임대주택 건설계획(____[2]×) 등
3. **정비사업 시행을 위한 조치**
   (1) **임시거주 조치 의무**: 주거환경개선사업·____[3]사업의 시행자 → 국가·지자체의 토지·건축물(국·공유지)의 무상사용(국가·지자체는 정당한 사유 없이 거절×), 공공단체·개인의 토지·건축물(사유지)은 보상
   (2) **토지 등의 수용·사용**(재건축사업은 천재·지변에 한정): 「공취법」 준용
   ① **사업인정·고시 의제**: 사업시행계획인가·고시
   ② **재결신청기간 연장**: 사업시행기간 이내
   ③ **사후현물보상 가능**: 준공인가 후 대지·건축물로 보상
   (3) **매도청구**: ____[4]사업의 시행자 → 조합설립에 동의하지 않은 자와 건축물 또는 토지만 소유한 자의 건축물·토지 등
   회답촉구(사업시행계획인가·고시일부터 ____[5] 이내) ⇨ 회답(2개월 이내× → 부동의 간주) ⇨ ____[6] 이내 매도청구
   (4) **지상권 등 계약의 해지**: 정비사업의 시행으로 지상권·전세권 또는 임차권의 설정목적을 달성할 수 없는 경우 해지 가능 ⇨ 시행자에게 금전반환청구 ⇨ 시행자의 구상 ⇨ 불응시 분양받을 대지·건축물 압류(저당권과 동일)
   「민법」, 「주택임대차보호법」, 「상가건물 임대차보호법」상 존속기간 적용 배제: ____[7]의 인가 후

관리처분계획인가

1. **분양신청 통지·공고**: 사업시행계획인가·고시 후 ____[8]일 이내
   (1) **분양신청기간**: 통지한 날부터 30일 이상 60일 이내(____[9]의 범위에서 1회 연장 가능)
   (2) **손실보상**: 분양신청을 하지 않은 자 등의 토지·건축물 등은 관리처분계획인가·고시 다음 날부터 ____[10] 이내 협의 → 협의불성립시 기간 만료일의 다음 날부터 ____[11] 이내 수용재결 신청 또는 매도청구소송 제기
2. **절차**: 분양신청기간 종료 후 관리처분계획 수립(시행자) ⇨ 공람(30일 이상) ⇨ 인가·고시(시장·군수 등, ____[12] 이내). 변경·중지·폐지 O. 다만, 경미한 변경은 신고
3. **내용**: ① 분양설계(____[13] 만료일 기준), ② 분양대상자의 주소·성명, ③ 분양예정인 대지·건축물의 추산액(분양가), ④ 보류지 등의 명세·추산액(일반 분양분), ⑤ 종전 토지·건축물의 명세와 가격(종전가 - 사업시행계획인가·고시일 기준), ⑥ 정비사업비 추산액과 조합원의 부담규모·시기(재건축부담금 포함), ⑦ 종전 토지·건축물의 소유권 외의 권리명세 등
4. **기준(≒ 환지계획)**: 면적·이용상황·환경 등, 증·감환지, 입체환지
   (1) **환지부지정**: 너무 좁은 토지 또는 건축물을 취득한 자나 정비구역 지정 후 분할된 토지 또는 집합건물의 구분소유권을 취득한 자에게는 현금청산 가능
   (2) **주택공급기준**: ____[14] 공급이 원칙
   ① **소유 주택 수만큼 공급**: 과밀억제권역이 아닌 ____[15](투기과열지구·조정대상지역은 제외), 근로자숙소·기숙사용도, 국가·지자체·토지주택공사 등
   ② **종전가 또는 종전 주거전용면적의 범위에서 2주택 공급**: 1주택은 $60m^2$ 이하 → 이전·고시 다음 날부터 3년간 전매×(상속은 제외)
   ③ **3주택까지 공급**: 과밀억제권역의 재건축사업(투기과열지구·조정대상지역은 제외)
5. **건축물의 공급**: ____[16]에 따라 공급
   (1) **재개발임대주택의 인수의무**: 국토부장관, 시·도지사, 시장·군수·구청장, 토지주택공사 등(시·도지사, 시장·군수·구청장이 ____[17] 인수) → ____[18]m^2 미만 나대지 또는 $40m^2$ 미만 사실상 주택 소유자가 요청하는 경우 토지임대부 분양주택으로 전환 공급
   (2) **지분형주택**: 토지주택공사 등인 시행자 → 주거전용면적 ____[19]m^2 이하, 10년 이내에서 공동소유

이전·고시

1. **종전 토지 또는 건축물의 사용·수익 정지**: 관리처분계획인가·고시일부터 이전고시가 있는 날까지. 다만, 시행자의 ____[20]를 받은 경우 등은 예외
2. **정비구역해제**: 준공인가의 고시일(관리처분방법은 ____[21])의 다음 날로 해제 → 조합의 존속에 ____[22]
3. **소유권 이전·고시(분양처분)** 청산까지 해야 해산
   (1) **시기**: 공사완료 고시 후 지체 없이 대지확정측량·토지분할 ⇨ 분양대상자에게 통지 ⇨ 소유권 이전·고시 ⇨ 보고
   (2) **효과**: 이전·고시일의 ____[23]에 분양받을 대지·건축물의 소유권 취득, 청산금의 확정
   (3) **조합의 해산**: 조합장은 이전·고시가 있은 날부터 ____[24] 이내에 조합해산을 위한 총회 소집 의무
4. **분양등기**: 이전고시가 있은 후 지체 없이 시행자가 촉탁·신청(의무) → 타등기 제한
5. **청산금**: 종전가와 분양가의 차액
   (1) **징수·지급**: 이전·고시 후. 다만, 정관이나 총회의결을 거쳐 따로 정한 경우 ____[25]징수·분할지급 가능(관리처분계획인가 후~____[26])
   (2) **징수 위탁**: 납부× ⇨ 시장·군수 등에게 징수 위탁 ⇨ 강제징수 ⇨ 수수료(징수금액 ____[27]) 교부
   (3) **소멸시효**: 이전·고시일의 ____[28] 날부터 5년

비용부담

1. **시행자 부담(원칙)**: 시장·군수 등은 정비기반시설, 임시거주시설의 건설비용의 전부 또는 일부를 부담할 수 있다.
2. **공동구 설치비용**: 사업시행자는 공동구에 수용될 시설을 설치할 의무가 있는 자(점용예정자)에게 설치비용을 부담시킬 수 있다. → 공동구 점용예정자는 공동구의 설치공사가 착수되기 전에 부담금액의 ____[29] 이상 납부, 잔액은 공사완료 고시일 전까지 납부

정답 [1] 60일, [2] 재건축, [3] 재개발, [4] 재건축, [5] 30일, [6] 2개월, [7] 관리처분계획, [8] 120, [9] 20일, [10] 90일, [11] 60일, [12] 30일, [13] 분양신청기간, [14] 1주택, [15] 재건축사업, [16] 관리처분계획, [17] 우선, [18] 90, [19] 60, [20] 동의, [21] 이전·고시일, [22] 영향×, [23] 다음 날, [24] 1년, [25] 분할, [26] 이전·고시일, [27] 4/100, [28] 다음 날, [29] 1/3

적용대상물 건축물, 대지, 건축설비, 공작물

1. **건축물**: 토지에 정착하는 공작물 중 ① [　1　]과 기둥 또는 벽이 있는 것, ② 이에 딸린 시설물(대문·담장 등), ③ 지하 또는 고가의 공작물에 설치하는 사무소·공연장·[　2　]·차고·창고

   (1) **적용배제**: ① 지정 또는 임시지정 문화유산, 천연기념물 등(명승, 시·도자연유산, 자연유산자료), ② 철도의 선로부지에 있는 시설(운전보안시설, 보행시설, [　3　], 급수·급탄·급유시설), ③ 고속도로 통행료 징수시설, ④ 컨테이너를 이용한 간이창고([　4　]부지의 이동이 쉬운 것), ⑤ 하천구역 내의 수문조작실

   (2) **고층건축물**: [　5　] 이상 또는 높이 120m 이상, **초고층건축물**: 50층 이상 또는 높이 200m 이상

   (3) **다중이용 건축물**: ① 문화·집회시설(동·식물원은 제외), 종교시설, 판매시설, 운수시설, 의료시설, 숙박시설로 쓰는 바닥면적 합계가 [　6　] 이상 또는 ② [　7　] 이상

   (4) **특수구조 건축물**: ① 보·차양 등이 외벽 중심선으로부터 [　8　] 이상 돌출 또는 ② 기둥과 기둥 사이의 거리가 [　9　] 이상

2. **건축물의 용도**

   (1) **단독주택**: ① 단독주택, ② 다중주택(다수인 거주 + 독립주거× + 3개 층 이하·660m² 이하), ③ 다가구주택([　10　] 이하 + [　11　]m² 이하 + [　12　]세대 이하), ④ 공관

   (2) **공동주택**: ① 아파트(5개 층 이상), ② 연립주택(4개 층 이하 + 660m² [　13　]), ③ 다세대주택(4개 층 이하 + 660m² 이하), ④ 기숙사

   (3) **제1종 근린생활시설**: ① 소매점([　14　]m² 미만), ② 휴게음식점(300m² 미만), ③ 이용원·미용원·목욕장·세탁소, ④ 의원·안마원·[　15　], ⑤ 지역자치센터(1천m² 미만), ⑥ 부동산중개사무소(30m² 미만), ⑦ 동물병원·동물미용실([　16　]m² 미만)

   (4) **제2종 근린생활시설**: ① 공연장(500m² 미만), ② 종교집회장(500m² 미만), ③ 자동차영업소([　17　]m² 미만), ④ 서점([　18　]m² 이상), ⑤ 일반음식점, ⑥ 독서실, ⑦ 부동산중개사무소(500m² 미만), ⑧ 단란주점(150m² 미만), ⑨ 안마시술소·노래연습장, ⑩ 주문배송시설(500m² 미만)

   (5) **문화 및 집회시설**: 공연장·집회장(500m² 이상), 관람장·전시장, [　19　]

   (6) **교육연구시설**: 유치원·학교, 학원, 도서관

   (7) **위락시설**: 유흥주점, 무도학원·무도장, [　20　]

   (8) **관광·휴게시설**: 야외음악당·야외극장, 어린이회관, [　21　], 휴게소

   (9) **자동차 관련 시설**: 주차장·세차장·폐차장, 운전학원·정비학원

3. **대지**: 각 필지로 나눈 토지(1필지=1대지). 다만, ① 둘 이상의 필지를 하나의 대지([　22　]조건)로 하거나, ② 하나 이상 필지의 일부를 하나의 대지(분할조건)로 할 수 있다.

4. **건축설비**: ① 승강기 설치([　23　] 이상으로서 연면적 2천m² 이상인 건축물), ② 비상용승강기 추가설치(높이 [　24　]m를 초과하는 건축물)

5. **공작물의 축조신고**: ① 높이 [　25　]를 넘는 굴뚝·철탑, ② 높이 ○[　26　]를 넘는 광고탑, 장식탑·기념탑·첨탑, ③ 높이 ○[　27　]를 넘는 고가수조, ④ 높이 ○[　28　]를 넘는 담장·옹벽, ⑤ 바닥면적 30m²를 넘는 지하대피호, ⑥ 높이 8m 이하의 기계식·철골조립식 주차장

적용대상행위 건축, 대수선, 용도변경

1. **건축**: 건축물을 신축·증축·개축·재축하거나 [　29　]하는 것

신축	① 건축물이 없는 대지에 새로이 건축물을 축조하는 것 ② 부속건축물만 있는 대지에 새로 [　30　] 건축물을 축조하는 것 ③ 기존 건축물이 전부 해체나 멸실된 대지에서 종전 규모를 초과하여 축조하는 것
증축	기존 건축물이 있는 대지에서 건축물의 면적·층수 또는 높이를 늘리는 것
개축	기존 건축물의 전부나 일부(내력벽·기둥·보·지붕틀 중 셋 이상 포함)를 해체하고 그 대지에 종전과 같은 규모의 범위에서 다시 축조하는 것
재축	건축물이 천재지변 등 재해로 [　31　]된 경우에 그 대지에 종전과 같은 규모의 범위에서 다시 축조하는 것. 다만, 동수, 층수 및 높이의 어느 하나가 종전 규모를 초과하는 경우 건축법령에 모두 적합할 것 ([　32　] 합계는 종전 규모 이하)
이전	건축물의 주요구조부를 해체하지 않고 [　33　] 대지의 다른 위치로 옮기는 것

2. **대수선**: 구조·외부형태의 수선·변경 또는 증설 + 증축·개축 또는 재축에 해당하지 않는 다음의 행위

   ① **내력벽, 외벽 마감재료**: 증설 또는 해체 / 각 [　34　] 이상 수선 또는 변경
   ② **기둥, 보, 지붕틀**: 증설 또는 해체 / 각 [　35　] 이상 수선 또는 변경
   ③ **방화벽, 방화구획을 위한 바닥·벽**: 증설 또는 해체, 수선 또는 변경
   ④ **주계단·피난계단·특별피난계단**: 증설 또는 해체, 수선 또는 변경
   ⑤ [　36　]주택·[　37　]주택의 경계벽: 증설 또는 해체, 수선 또는 변경

3. **기타 용어**

   (1) **리모델링**: 건축물의 노후화 억제 또는 기능 향상을 위해 대수선하거나 건축물의 일부를 [　38　] 또는 [　39　]하는 행위

   (2) **주요구조부**: 내력벽, 기둥, 바닥, 보 ○[　40　] 및 ○[　41　]. 다만, 사이 기둥, 최하층 바닥, 작은 보, 차양, 옥외계단은 제외

   (3) **지하층**: 바닥이 지표면 아래 + 바닥에서 지표면까지의 평균높이가 해당 층 높이의 [　42　]인 것
   → ① [　43　]에서 제외, ② 지하층의 바닥면적은 연면적에 포함하되 [　44　]을 산정할 때에는 제외, ③ 단독주택·공동주택 등의 지하층에 거실× (부속용도는 제외)

4. **전면적 적용대상지역**: ① 도시지역, ② 지구단위계획구역, ③ 동·읍의 지역

정답　1 지붕, 2 점포, 3 플랫폼, 4 공장, 5 30층, 6 5천m², 7 16층, 8 3m, 9 20m, 10 3개 층, 11 660, 12 19, 13 초과, 14 1천, 15 산후조리원, 16 300, 17 1천, 18 1천, 19 동·식물원, 20 카지노, 21 관망탑, 22 합병, 23 6층, 24 31, 25 6m, 26 4m, 27 8m, 28 2m, 29 이전, 30 주된, 31 멸실, 32 연면적, 33 같은, 34 30m², 35 3개, 36 다가구, 37 다세대, 38 증축, 39 개축, 40 지붕틀, 41 주계단, 42 1/2 이상, 43 층수, 44 용적률

사전결정의 신청 → 건축주와의 계약 → 설계 → 허가신청 → 사전승인 → 건축허가 → 착공 → 시공·감리 → 사용승인 → 사용 → 유지·관리

(2년: 사전결정의 신청 ~ 허가신청)
(2년: 건축허가 ~ 착공)

1. 사전결정의 신청: 허가대상 건축물을 건축하려는 자 → 허가권자

(1) 의제: ① 개발행위허가, ② 산지전용허가(보전산지는 [1]만), ③ 농지전용허가, ④ 하천점용허가

(2) 실효: 사전결정의 통지를 받은 날부터 [2] 이내에 건축허가 신청×

2. 건축허가

(1) 허가대상·허가권자: 건축물의 건축 또는 대수선

① 원칙: (특별자치시장·특별자치도지사), 시장·군수·구청장의 허가

② 예외: 특별시장·광역시장의 허가 - [3] 이상 또는 연면적 [4] 이상인 건축물(공장·창고는 제외)

✎ 허가 전 안전영향평가: 초고층건축물, [5] 이상이고 연면적 [6]m² 이상 건축물

(2) 사전승인: 시장·군수 → [7]의 승인

① 21층 이상 또는 연면적 10만m² 이상인 건축물(공장·창고는 제외)

② 자연환경·수질보호: 3층 이상 또는 연면적 1천m² 이상 + 위락시설, 숙박시설, 공동주택, [8], 일반업무시설

③ 주거환경·교육환경보호: 위락시설, 숙박시설

(3) 허가의 거부: 위락시설·숙박시설이 주거환경·교육환경 등 주변환경에 부적합 ⇨ 건축위 [9]

(4) 허가의 취소(필수적): [10] 이내 착수×(1년 연장 가능), 공사완료 불가능

(5) 대지소유권 확보 예외: 대지사용권 확보(분양목적의 공동주택은 제외), 공유자 80% 이상의 동의 → 건축허가시 동의하지 않은 공유자의 지분에 대하여 매도청구 가능(시가, 3개월 이상 사전 협의)

(6) 건축허가의 제한: [11] 이내 + 1회 [12] 연장 가능, 주민의견청취 후 건축위 심의 → 허가권자에게 통지·공고

① [13]: 국토 관리, 주무부장관이 요청(국방, 국가유산, 환경, 국민경제) → 허가권자

② 특별시장·광역시장·도지사: 지역계획, 도시·군계획 → 시장·군수·구청장

✎ 시·도지사는 즉시 국토부장관에게 보고 → 국토부장관은 제한이 지나치다고 인정하면 해제명령

3. 건축신고: 시장·군수·구청장 - [14] 이내 착수×(1년 연장 가능) → 실효

(1) 바닥면적 합계 [15] 이내의 증축·개축·재축

(2) 관리·농림·자연환경보전지역(지구단위계획구역×) + 연면적 200m² 미만 + 3층 미만인 건축물의 건축

(3) 대수선: ① 연면적 [16] 미만이고 [17] 미만인 건축물의 대수선, ② 주요구조부의 해체없이 수선만 하는 대수선

(4) 기타: ① 연면적 [18] 이하인 건축물의 신축, ② 높이 [19] 이하의 증축

4. 가설건축물: 시장·군수·구청장

(1) 건축허가: 도시·군계획시설부지 - ① [20] 이상×, ② 철근콘크리트조×, ③ 존치기간 [21] 이내(연장 가능), ④ 전기·가스·수도 등 설치×, ⑤ 분양목적×

(2) 축조신고: 허가대상 이외 재해복구·흥행·전람회·공사용 가설건축물, 견본주택 등 - 존치기간 [22] 이내(연장 가능)

5. 건축절차

(1) 안전관리예치금: 연면적 [237] 이상인 건축물은 건축공사비 1%의 범위 → 건축공사현장 방치시 개선명령 → 불응시 행정대집행

(2) 사용승인: 허가·신고대상 건축물, 허가대상 가설건축물

① 신청: 건축주(감리완료보고서·공사완료도서 첨부) → 허가권자

② 기간: 7일 이내에 현장검사 실시해서 합격시 사용승인서 교부 → 건축물 사용 가능, 준공검사 등 의제

③ 임시사용승인: [24] 이내 + 대형건축물 등은 연장 가능

6. 건축물의 용도변경: (특별자치시장·특별자치도지사), 시장·군수·구청장의 허가·신고

시설군	세부 시설
ⓐ자동차관련시설군	자동차 관련 시설
ⓢ산업등시설군	① 운수시설, ② [25], ③ 창고, ④ 위험물저장·처리시설, ⑤ 자원순환 관련 시설, ⑥ 묘지 관련 시설, ⑦ 장례시설
ⓔ전기·통신시설군	① 방송통신시설, ② 발전시설
ⓜ문화·집회시설군	① 문화·집회시설, ② 종교시설, ③ 위락시설, ④ 관광·휴게시설
ⓨ영업시설군	① 판매시설, ② ([26]), ③ 숙박시설, ④ 다중생활시설(2종 근생)
ⓔ교육·복지시설군	① 의료시설, ② ([27]), ③ 노유자시설, ④ 수련시설, ⑤ 야영장시설
ⓖ근린생활시설군	① 제1종 근린생활시설, ② 제2종 근린생활시설
ⓙ주거·업무시설군	① 단독주택, ② 공동주택, ③ 업무시설, ④ 교정시설, ⑤ 국방·군사시설
ⓖ기타시설군	동·식물 관련 시설

(위쪽 방향: 허가 / 아래쪽 방향: 신고)

← 건축물대장 기재내용 변경신청 →

✎ 준용: 허가·신고대상 + ([28]) 이상 → 사용승인 / 허가대상 + 500m² 이상 → 건축사 설계

정답   ¹ 도시지역,   ² 2년,   ³ 21층,   ⁴ 10만m²,   ⁵ 16층,   ⁶ 10만,   ⁷ 도지사,   ⁸ 일반음식점,   ⁹ 심의,   ¹⁰ 2년,   ¹¹ 2년,   ¹² 1년,   ¹³ 국토부장관,   ¹⁴ 1년,   ¹⁵ 85m²,   ¹⁶ 200m²,   ¹⁷ 3층,   ¹⁸ 100m²,   ¹⁹ 3m,   ²⁰ 4층,   ²¹ 3년,   ²² 3년,   ²³ 1천m²,   ²⁴ 2년,   ²⁵ 공장,   ²⁶ 운동시설,   ²⁷ 교육연구시설,   ²⁸ 100m²

대지 관련 기준

대지

1. **조경의무**: 200m² 이상인 대지. 다만, ① 녹지지역, 관리·농림·자연환경보전지역(지구단위계획구역x), ② 공장(대지면적 [1] 미만, 연면적 1,500m² 미만, 산업단지), ③ 연면적 1,500m² 미만인 물류시설([2]지역x), ④ 축사, ⑤ 허가대상 가설건축물 등은 제외

2. **공개공지 설치의무**(필로티 구조O)
   (1) 대상: 일반주거지역, 준주거지역, 상업지역, 준공업지역 + 문화집회시설, 종교시설, 판매시설(농수산물유통시설x), 운수시설([3]), 업무시설, 숙박시설로 쓰는 바닥면적 합계가 [4]m² 이상인 건축물
   (2) 설치기준: 대지면적 [5] 이하 → 연간 60일 이내로 문화행사·판촉활동 가능
   (3) 완화적용: 용적률과 건축물의 높이제한 [6]배 이하의 범위

3. **대지분할제한면적**: ① 주거지역 - [7], ② 상업·공업지역 - [8], ③ 녹지지역 - [9],
   ④ 기타 - [10] 미만

도로

1. **요건**: ① 보행과 자동차통행이 가능 + ② 너비 [11] 이상 + ③ 도로·예정도로 → 「국토법」, 「도로법」 등 관계 법령에 따라 신설·변경의 고시 또는 허가권자가 지정·공고

2. **대지와 도로의 관계(접도의무)**: 대지는 도로(자동차만의 통행x)에 [12] 이상 접해야 함. 다만, ① 출입에 지장이 없는 경우, ② 광장·공원 등 건축이 금지되고 공중의 통행에 지장이 없는 [13] 가 있는 경우, ③ 농막은 예외 → 연면적 2천m²(공장은 3천m²) 이상인 건축물의 대지는 너비 6m 이상의 도로에 ○[14] 이상 접해야 함

건축선

1. **위치**: 대지와 도로의 경계선이 원칙. 다만, 다음의 경우에는 대지 안쪽으로 후퇴
   (1) **소요너비 미달도로**: 중심선으로부터 그 소요너비의 [15]의 수평거리만큼 물러난 선, 다만, 반대쪽에 하천·철도·경사지 등이 있는 경우에는 하천 등이 있는 쪽의 도로 경계선에서 [16]에 해당하는 수평거리의 선

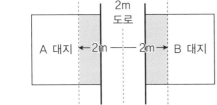
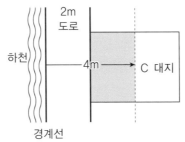

A 대지 ←2m— 2m —2m→ B 대지
중심선
2m 도로

하천 2m 도로 —4m→ C 대지
경계선

* 건축선과 도로 사이의 면적(후퇴된 부분)은 대지면적에서 [17]

   (2) **지정건축선**: 시장·군수·구청장이 건축물의 위치나 환경 정비 - 도시지역에서 4m 이하(대지면적에 포함)

2. **건축제한**: 수직면 월선금지(건축물과 담장, [18] 아래는 제외), 개폐시 월선금지(도로면에서 높이 4.5m 이하의 출입구, 창문 등)

건축물 관련 기준

구조·재료

1. **구조안전확인서의 제출**(= 내진능력 공개)
   ① 층수가 [19](목구조는 3층) 이상, ② 연면적 [20]m²(목구조는 500m²) 이상,
   ③ 높이가 [21] 이상, ④ 처마높이가 ○[22] 이상,
   ⑤ 기둥과 기둥 사이의 거리가 ○[23] 이상, ⑥ 단독주택 및 공동주택

2. **방화지구**: 건축물의 주요구조부와 외벽·지붕은 내화구조, 지붕 위에 설치하거나 높이 3m 이상인 공작물의 주요부는 불연재료

3. **피난시설 등**
   ① 피난안전구역: 초고층건축물 - 지상층에서 [24] 층마다 1개소 이상
   ② 헬리포트: [25] 이상 + 11층 이상인 층의 바닥면적 합계가 1만m² 이상인 건축물의 옥상 - 평지붕은 헬리포트, 경사지붕은 대피공간

크기제한

1. **건폐율**: 대지면적에 대한 건축면적의 비율(건축면적/대지면적 × 100)
2. **용적률**: 대지면적에 대한 연면적의 비율(연면적/대지면적 × 100)
   ***건폐율·용적률의 최대한도**는 「국토법」에 따르되, 「건축법」에서 완화 또는 강화 적용 가능

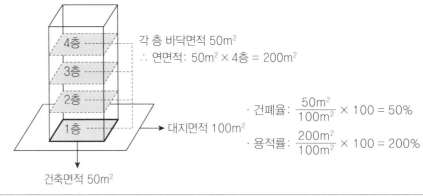

각 층 바닥면적 50m²
∴ 연면적: 50m² × 4층 = 200m²

· 건폐율: $\frac{50m^2}{100m^2} × 100 = 50\%$

대지면적 100m²

· 용적률: $\frac{200m^2}{100m^2} × 100 = 200\%$

건축면적 50m²

높이제한

1. **건축물의 높이제한**: [26]가 가로구역별로 높이 지정 → 건축위 심의
2. **일조·채광 등의 확보**
   (1) 전용주거·일반주거지역: 모든 건축물
   ① 원칙: [27]방향 인접 대지경계선으로부터 이격 → 높이 10m 이하는 1.5m 이상, 높이 10m 초과 부분은 높이의 1/2 이상

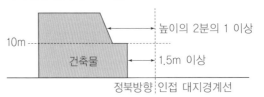

높이의 2분의 1 이상
10m
건축물
1.5m 이상
정북방향 인접 대지경계선

   ② 예외: 정남방향 - 택지개발지구, 도시개발구역, 정비구역 등
   (2) 공동주택: [28]지역은 제외
   (3) 적용제외: 2층 이하로서 높이 8m 이하인 건축물

정답 ¹ 5천m², ² 주거·상업, ³ 여객용시설, ⁴ 5천, ⁵ 10/100, ⁶ 1.2, ⁷ 60m², ⁸ 150m², ⁹ 200m², ¹⁰ 60m², ¹¹ 4m, ¹² 2m, ¹³ 공지, ¹⁴ 4m, ¹⁵ 1/2, ¹⁶ 소요너비, ¹⁷ 제외, ¹⁸ 지표, ¹⁹ 2층, ²⁰ 200, ²¹ 13m, ²² 9m, ²³ 10m, ²⁴ 30개, ²⁵ 11층, ²⁶ 허가권자, ²⁷ 정북, ²⁸ 일반상업·중심상업

46 해커스 공인중개사 land.Hackers.com

면적·높이·층수 등의 산정방법

대지 면적	대지의 수평투영면적. 다만, 대지에 건축선(소요너비 미달도로에서 건축선 후퇴)이나 도시·군계획시설 (도로·공원 등)이 있는 경우 그 부분은 대지면적에서 제외
건축 면적	건축물의 ___1___ 또는 외곽기둥의 중심선의 수평투영면적. 다만, ① 지표면으로부터 ___2___의 부분, ② 지상층의 보행통로·차량통로, ③ 지하주차장 경사로, ④ 생활폐기물 보관시설 등은 제외
★ 바닥 면적	건축물의 각 층 또는 그 일부로서 벽, 기둥의 중심선의 수평투영면적 ① 벽·기둥의 구획x: 지붕 끝부분으로부터 수평거리 ___3___를 후퇴한 선 ② 노대(발코니) 등: 노대 등의 면적에서 노대 등이 접한 가장 긴 외벽길이에 ___4___를 곱한 값을 뺀 면적을 산입 ③ 필로티 구조: 공중의 통행이나 차량의 통행, 주차에 전용, ___5___은 제외 ④ 승강기탑·계단탑·장식탑, 다락[층고가 ___6___(경사진 지붕은 1.8m) 이하는 제외] ⑤ 공동주택의 지상층에 설치하는 기계실, 전기실, ___7___, 조경시설, 생활폐기물 보관시설은 제외
연면적	각 층 바닥면적의 합계. 다만, 용적률 산정시에는 ① ___8___, ② 지상층의 ___9___, ③ 초고층건축물의 피난안전구역, ④ 경사지붕 아래 대피공간의 면적은 제외
높이	지표면으로부터 건축물의 상단까지의 높이. 다만, 1층 전체에 필로티가 설치되어 있는 경우에는 높이제한을 적용할 때 필로티의 층고는 제외
층고	방의 바닥구조체 윗면으로부터 위층 바닥구조체의 ___10___까지의 높이
★ 층수	① 승강기탑 등 건축물의 옥상부분(건축면적 1/8 이하)과 ___11___은 층수에서 제외 ② 층의 구분이 명확하지 않은 건축물: 높이 ___12___마다 1층으로 산정 ③ 건축물의 부분에 따라 층수가 다른 경우: 가장 ___13___ 층수

특별건축구역, 건축협정·결합건축, 이행강제금, 건축분쟁의 조정

특별 건축 구역	1. 지정권자: 국토부장관 또는 시·도지사 - 국제행사 개최, 도시개발구역, 정비구역 등 2. 지정제외: ①개발제한구역, ②자연공원, ③ ○___14___, ④보전산지 3. 지정절차: 건축위 심의 → 지정(도시·군관리계획결정 의제. 다만, ___15___은 제외) 4. 특례적용 건축물: 국가·지자체, 공공기관이 건축하는 건축물 등 　① 적용배제: 대지의 조경, 건폐율·용적률, 공지, 높이제한 　② 통합적용: 미술작품의 설치, ___16___의 설치, 공원의 설치
건축 협정	1. 체결: 지구단위계획구역, 주거환경개선구역 등 → 토지 또는 건축물의 소유자, 지상권자(소유자 등) 　___17___의 합의 + 인가 2. 폐지: 협정체결자 과반수의 동의 + 인가(20년) → 특례적용시 20년 이내 폐지 × 　* ___18___ 완화시 건축위원회와 도시계획위원회 통합심의
___19___	*용적률을 2개 이상의 대지를 대상으로 통합적용하여 건축물을 건축하는 것 상업지역, 역세권개발구역, 주거환경개선구역, 건축협정구역, ___20___, 리모델링활성화구역 등 → 100m 이내 2개의 대지의 건축주가 서로 합의한 경우(30년)
이행 강제금	1. 건축물이 건폐율이나 용적률을 초과하여 건축된 경우 또는 허가를 받지 않거나 신고를 하지 않고 건축된 경우: 시가표준액의 ___21___에 위반면적을 곱한 금액 이하에서 위반내용에 따라 다음의 구분에 따른 비율을 곱한 금액 　① 건폐율 초과: 80/100 ② 용적률 초과: ___22___ ③ 무허가: ___23___ ④ 무신고: 70/100 　*연면적 60m² 이하 주거용건축물은 부과금액의 1/2의 범위에서 조례로 정하는 금액 2. 부과절차: 사전계고(문서) ⇨ 부과처분(문서) 3. 부과: 1년에 ___24___에서 조례로 정하는 횟수만큼 반복부과·징수 → 시정명령 이행시 새로운 부과는 즉시 중지하되, 이미 부과된 이행강제금은 ___25___
건축 분쟁의 조정	1. 신청: 조정신청은 해당 사건의 당사자 중 1명 이상, 재정신청은 당사자간의 합의로 신청 2. 기간: 분쟁위원회는 조정신청을 받으면 ___26___, 재정신청을 받으면 120일 이내에 절차를 마쳐야 함 3. 위원회: 조정위원회는 3명, 재정위원회는 5명의 위원으로 구성 4. 효력: 당사자가 조정안을 수락하고 조정서에 기명날인하면 조정서의 내용은 재판상 화해와 동일한 효력을 가짐 　*조정안을 제시받은 당사자는 ___27___ 이내에 수락 여부를 조정위원회에 알려야 함 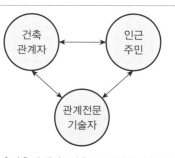 *건축관계자: 건축주, 설계자, 시공자, 감리자

1. 용어정의

(1) 주택: 주거용 건축물의 전부·일부 + 부속토지

구분	단독주택	단독주택, 다중주택, 다가구주택
	공동주택	공용부분(벽·복도·계단 등) + 전유부분 → 아파트, 연립주택, 다세대주택
		🔖 세대구분형 공동주택: 주택 내부공간의 일부를 구분 → [ ]¹ 1. 사업계획승인: ① 세대별로 욕실·부엌·현관 설치, ② 세대간에 연결문 또는 경량벽 설치, ③ 세대구분형 공동주택이 주택단지 전체 세대수의 [ ]², 전체 주거전용면적 합계의 1/3을 넘지 않을 것 2. 행위허가·신고: ① [ ]³ 이하(기존 세대 포함), ② 세대별로 욕실·부엌·구분 출입문 설 치, ③ 주택단지 전체 세대수의 1/10과 해당 동 전체 세대수의 1/3을 각각 넘지 않을 것
공급 대상	국민주택	다음에 해당하는 주택 + 국민주택규모[주거전용면적이 1호·1세대당 [ ]⁴(수도권을 제외한 도시지역이 아닌 읍·면 지역은 [ ]⁵) 이하인 주택 ① 국가·지자체, 한국토지주택공사 또는 지방공사가 건설하는 주택 ② 국가·지자체의 재정 또는 주택도시기금으로부터 자금을 지원받아 건설·개량되는 주택
	민영주택	국민주택을 제외한 주택
	⭐ 도시형 생활주택 (분양가상한제 ×)	[ ]⁶세대 미만 + 국민주택규모 + 도시지역에 건설하는 주택 (1) 소형 주택: 다음의 요건을 모두 갖춘 공동주택 ① 세대별 주거전용면적은 [ ]⁷ 이하, ② 세대별로 욕실·부엌을 설치, ③ 지하층에 설치× (2) 단지형 연립주택(소형 주택×): 건축위 심의시 5개 층까지 건축 가능 (3) 단지형 다세대주택(소형 주택×): 건축위 심의시 5개 층까지 건축 가능 🔖 건축제한: 하나의 건축물에는 도시형 생활주택과 그 밖의 주택을 함께 건축할 수 없으며, 단지형 연립주택 또는 단지형 다세대주택과 [ ]⁸을 함께 건축할 수 없음. 다만, 다음 의 경우는 예외 · 소형 주택과 주거전용면적 85m²를 초과하는 주택 1세대 · 준주거·상업지역에서 소형 주택과 도시형 생활주택 외의 주택

(2) 준주택: 주택 외의 건축물과 그 부속토지로서 주거시설로 이용 가능

→ ① [   ]⁹, ② 다중생활시설, ③ 노인복지주택, ④ 오피스텔

(3) 주택단지: 철도·고속도로·자동차전용도로, 폭 [   ]¹⁰ 이상인 일반도로, 폭 [   ]¹¹ 이상인 도시계획예정도로로 분리된
경우 각각 별개의 단지로 간주

① 부대시설: 주차장, 관리사무소, 담장, 주택단지 안의 도로, 건축설비, 경비실, 방범설비, [   ]¹²
② 복리시설: 어린이놀이터, 근린생활시설, 유치원, 주민운동시설, 경로당, 주민공동시설
③ [   ]¹³: 도로·상하수도, 전기·가스·통신시설, 지역난방시설

(4) 공구: 착공신고 및 사용검사를 별도로 수행할 수 있는 구역 → 공구별 세대수는 [   ]¹⁴세대 이상, 너비 6m 이상 경계설정

(5) 리모델링: 노후화 억제, 기능 향상을 위해 대수선(10년) 또는 다음에 해당하는 증축행위

① 사용검사일부터 ( )¹⁵이 지난 공동주택, ② 각 세대 주거전용면적의 ( )¹⁶ 이내, ③ 기존 세대수의 ( )¹⁷ 이내로
세대수 증가 가능, ④ 수직증축은 ( )¹⁵층 이상은 ( )¹⁸ 층, 14층 이하는 2개 층

---

2. 사업주체: 주택건설·대지조성 사업계획승인을 받아 사업을 시행하는 자

등록사업자

(1) 등록의무: 연간 [   ]¹⁹·[   ]²⁰ 이상 주택건설사업 또는 연간 [   ]²¹ 이상 대지조성사업을 하
려는 자 → 국토부장관에게 등록

(2) 등록기준: 자본금 [   ]²²(개인은 6억) 이상, 기술인 1명 이상, 최근 5년간 100호·세대 이상 건설
실적 → 5개 층 이하인 주택만 건설 가능
🔖 시공권(=건설사업자): 자본금 [   ]²³(개인은 10억) 이상, 기술인 3명 이상 등

(3) 결격사유: 제한능력자, 파산자, 등록말소 후 [   ]²⁴×

(4) 필수적 등록말소사유: ① 거짓·부정한 방법으로 등록, ② 등록증 대여

비등록사업자

(1) 공공사업주체: 국가·지자체, 한국토지주택공사, 지방공사

(2) 공익법인

(3) 공동사업주체: [   ]²⁵(임의적), [   ]²⁶(필수적) + 등록사업자

⭐ **주택조합**

① 지역주택조합
② 직장주택조합
③ 리모델링주택
조합(법인)

(1) 설립: 시장·군수·구청장의 설립인가(원칙). 다만, 국민주택을 공급받기 위한 직장조합은 시장·
군수·구청장에게 [   ]²⁷
🔖 지역·직장조합: [   ]²⁸ 이상 토지사용권 + [   ]²⁹ 이상 토지소유권 확보
리모델링조합: 전체 구분소유자와 의결권의 각 [   ]³⁰ 이상 + 동별 과반수 결의

(2) 조합원 모집신고: [   ]³¹ 이상 토지사용권 확보 + 공개모집 원칙. 다만, 재모집은 신고× + 선착순

(3) 조합원: 주택건설예정세대수의 [   ]³²(원칙) + 최소 [   ]³³ 이상(설립인가일~사용검사일).
다만, 리모델링조합은 제외
① 지역조합: 무주택 or 85m² 이하 주택 1채 소유 세대주 + 6개월 이상 거주 + 본인·배우자 중
복가입 ×
② 직장조합: 무주택 or 85m² 이하 주택 1채 소유 세대주 + 같은 직장에 근무 + 본인·배우자 중
복가입 ×. 다만, 설립신고는 무주택 세대주에 한함
🔖 지역조합과 직장조합은 설립인가 후 조합원의 교체, 신규가입 금지(원칙).
다만, 추가모집의 승인을 받은 경우와 결원[사망(자격요건×)·자격상실, 탈퇴([   ]³⁴ 미만)
등]이 발생한 범위에서 충원하는 경우는 예외 → [   ]³⁵ 신청일 기준
③ 리모델링조합: 공동주택의 소유자, 복리시설의 소유자

(4) 조합주택의 건설: 설립인가 후 [   ]³⁶ 이내 사업계획승인 신청 → 건설한 조합주택은 조합원에
게 우선 공급 가능

(5) 해산 여부 등의 결정: 조합원모집신고 수리 후 2년 이내 조합설립인가× or 조합설립인가 후 [   ]³⁷
이내 사업계획승인× → 총회 의결(20% 이상 직접 출석)

(6) 토지임대부 분양주택: 토지의 소유권은 사업시행자가 가지고, 건축물에 대한 소유권은 주택을 분양받은 자가 가지
는 주택 → 토지 임대차기간은 40년 이내 + 주택소유자의 75% 이상이 계약갱신을 청구하는 경우 40년의 범위에서
갱신 가능

사업계획승인 ——— 5년 ———→ 착공 — 시공·감리 → 사용검사 ——→ 사용

1. **대상**: 다음의 주택건설사업 또는 면적 [1] 이상 대지조성사업
   ① 단독주택: [2] 이상. 다만, 블록형 단독주택과 한옥은 50호 이상 — 소형×
   ② 공동주택: [3] 이상. 다만, 단지형 연립주택·단지형 다세대주택(주거전용면적 30m² 이상, 진입도로의 폭이 6m 이상)과 주거환경개선사업(자율주택정비방법)은 50세대 이상
   ✎ **주상복합 건축물의 특례**: 준주거·상업(유통×)지역 + [4]세대 미만의 주택과 이외의 시설을 동일한 건축물로 건축 + 주택 연면적이 [5] 미만 → 건축허가

2. **승인권자**
   ① 대지면적 10만m² 이상: 시·도지사, 대도시 시장
   ② 대지면적 10만m² 미만: 특별시장·광역시장·시장 또는 군수
   ③ 국가·한국토지주택공사, 국토부장관이 지정·고시한 지역: 국토부장관
   ✎ 표본설계도서의 승인: [6]

3. **공구별 분할시행**: [7]세대 이상 주택단지는 공구별로 분할하여 주택을 건설·공급 가능

4. **주택건설사업계획승인의 요건**: 대지소유권 확보(원칙). 다만, 대지의 사용권 확보 등 다음의 경우는 예외
   ① 국가·지자체, 한국토지주택공사, 지방공사인 경우
   ② 지구단위계획 결정 + 대지면적 [8] 이상 사용권 확보 + 매도청구의 대상인 경우

5. **절차**: 신청일부터 [9] 이내 승인 여부 통보

6. **착공**: 승인 후 [10](공구별 분할시행은 최초 5년 + 이외 2년) 이내 착수×([11] 연장 가능) → 승인 취소 가능(임의적) - 대지소유권 상실, 사업주체의 부도·파산

7. **매도청구**: 사업계획승인을 받은 사업주체 → 사용권을 확보하지 못한 대지소유자(건축물 포함) - [12], [13] 이상 사전협의
   ① [14] 이상 사용권 확보: 모든 소유자에게 청구 가능
   ② 이외의 경우: 지구단위계획구역 결정·고시일 10년 전부터 소유한 자를 제외한 대지소유자에게 청구 가능
   *리모델링허가를 신청하기 위한 동의율(75%)을 확보한 리모델링조합은 그 리모델링 결의에 찬성하지 않는 자의 주택 및 토지에 대하여 매도청구 가능

8. **간선시설의 설치**: 100호·100세대 이상 주택건설, 16,500m² 이상 대지조성 → 사용검사일까지 설치
   ① 도로·상하수도: 지자체
   ② 전기·통신·가스·난방시설: [15]
   ③ 우체통: 국가

9. **감리자의 지정**: 사업계획승인권자 → 주택건설사업계획을 승인했을 때와 시장·군수·구청장이 리모델링허가를 했을 때. 다만, 공공사업주체와 도시형 생활주택은 제외
   ① 300세대 미만: 건축사, 건설엔지니어링사업자
   ② 300세대 이상: 건설엔지니어링사업자
   *위반사항 묵인시 감리자 교체, [16]의 범위에서 감리업무 지정 제한 가능

10. **택지취득**
   ① 토지 등의 수용·사용: 공공사업주체 + 국민주택 건설, 「공취법」 준용
   ② 국·공유지의 우선 매각·임대: 국민주택규모의 주택을 [17]% 이상, 조합주택을 건설하는 사업주체
   ✎ 환매·임대계약의 취소(임의적): 2년 이내 건설×
   ③ 체비지의 우선 매각: 국민주택용지로 사용하는 사업주체 + 체비지 총면적의 [18]% 이내 - 감정가 원칙, 경쟁입찰 원칙

1. **사전방문**: 입주지정기간 시작일 45일 전까지 [19] 이상 실시 → 사업주체는 사전방문기간 시작일 [20] 전까지 사전방문계획을 사용검사권자에게 제출, 입주예정자에게 서면으로 통보

2. **사용검사권자**: 시장·군수·구청장(국토부장관) - 신청일부터 [21] 이내. 동별검사, 분할검사○
   (1) **신청**: 사업주체× → 시공보증자× → [22] 대표회의
   (2) **임시사용승인**: ㉮축물은 ㉱별, ㉳지조성은 ㉠획별, ㉸동주택은 ○ [23]로 가능

3. **사용검사 후 매도청구**
   ① 주택소유자 → 사용검사 후 토지소유권을 회복한 실소유자(주택단지 전체 면적의 [24] 미만 + [25] 이내 송달, 시가)
   ② **대표자 선정**: 주택소유자 전체 [26] 이상의 동의 → 주택소유자 전체에게 소송 효과○
   ③ 사업주체에게 매도청구 비용의 전부 구상 가능

⭐ **주택상환사채**

(1) **발행자**: 한국토지주택공사와 등록사업자(① 자본금 [27] 이상인 법인, ② 건설업 등록, ③ 최근 3년간 연평균 주택건설실적 [28]세대 이상 + 금융기관 등의 [29])가 발행
(2) **발행승인**: [30]의 승인
(3) **상환기간**: [31] 초과 금지(사채발행일~주택공급계약체결일)
(4) **양도·중도해약의 원칙적 금지**. 다만, 해외이주 등 부득이한 사유가 있는 경우는 예외
(5) **발행방법**: 액면 또는 할인의 방법으로 발행
(6) **기명증권**: 명의변경은 취득자의 성명과 주소를 [32]에 기록, 채권에 기록은 대항요건
(7) **납입금의 사용**: 택지의 구입·조성, 주택건설자재의 구입, 건설공사비에 충당 등
(8) **기타**: 등록사업자의 등록말소는 사채의 효력에 [33], 「상법」 중 사채발행규정을 적용

정답 ¹ 1만m², ² 30호, ³ 30세대, ⁴ 300, ⁵ 90%, ⁶ 국토부장관, ⁷ 600, ⁸ 80%, ⁹ 60일, ¹⁰ 5년, ¹¹ 1년, ¹² 시가, ¹³ 3개월, ¹⁴ 95%, ¹⁵ 공급자, ¹⁶ 1년, ¹⁷ 50, ¹⁸ 50, ¹⁹ 2일, ²⁰ 1개월, ²¹ 15일, ²² 입주예정자, ²³ 세대별, ²⁴ 5%, ²⁵ 2년, ²⁶ 3/4, ²⁷ 5억원, ²⁸ 300, ²⁹ 보증, ³⁰ 국토부장관, ³¹ 3년, ³² 사채원부, ³³ 영향×

사업계획승인 —— 5년 ——→ 착공 —— 시공 ——→ 사용검사 —— 입주통보 ——→ 입주 = 이전등기

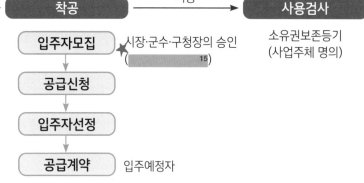

입주자모집 → 시장·군수·구청장의 승인 (___15)
공급신청
입주자선정
공급계약 → 입주예정자

사용검사 → 소유권보존등기 (사업주체 명의)

공급규제

1. **분양가상한제** - 분양가격은 ___1 와 건축비(토지임대부 분양주택은 건축비만)로 구성
   (1) 적용주택: 사업주체가 일반공급하는 공동주택 + 공공택지(원칙), 공공택지 외의 택지에서 ___2 이 주거정책심의 위원회의 심의를 거쳐 지정하는 지역
   (2) 적용제외: ① ___3, ② 경제자유구역, ③ 관광특구(___4 이상 or 높이 150m 이상), ④ 한국토지주택공사나 지방공사가 시행하는 공공성 요건을 충족하는 소규모 정비사업(면적 2만m² 미만 or 200세대 미만), ⑤ 주거환경개선사업 및 공공재개발사업, ⑥ 혁신지구재생사업, ⑦ 도심 공공주택 복합사업에서 건설·공급하는 주택
   (3) 분양가상한제 적용지역: ___5 (시·도지사 의견청취) → 투기과열지구 중 ① 1년간 아파트분양가상승률이 물가상승률의 ___6 초과, ② 3개월간 주택매매량이 전년 동기 대비 20% 이상 ③ 직전②개월 동안 주택의 월평균 청약경쟁률⑤1 또는 국민주택규모⑩:1 초과

2. **분양가상한제 적용주택 등의 입주자 거주의무:** 주택의 입주자(상속은 제외. 거주의무자)는 최초 입주가능일부터 ___7 이내(토지임대부 분양주택은 최초 입주가능일)에 입주해야 하고, ___8 이내의 범위에서 거주의무기간 동안 계속하여 거주해야 함
   (1) 거주의무대상·기간: ① 수도권 공공택지에서 건설·공급하는 분양가상한제 적용주택 - 분양가격이 인근지역주택매매가격의 80% 미만은 5년, 80% 이상 100% 미만은 3년, ② 토지임대부 분양주택은 5년
   (2) 예외: 한국토지주택공사의 확인
      ① 입주 준비기간이 필요한 경우(90일까지)
      ② 근무·생업·취학 또는 질병치료를 위하여 해외에 체류하는 경우
      ③ 근무·생업·취학 등으로 세대원 전원이 다른 지역에 거주하는 경우(수도권 안×)
      ④ 전매제한이 적용되지 않는 경우(배우자 일부 증여 또는 경제적 어려움은 제외) 등
   (3) 거주의무 위반시 조치
      ① 양도제한: 거주의무를 이행하지 않은 경우 해당 주택을 양도 ×(상속은 제외)
      ② 우선매입: 한국토지주택공사가 매입비용을 지급한 날에 해당 주택을 취득

3. **저당권 설정 등의 제한:** 사업주체는 주택과 대지에 ① 저당권·가등기담보권 등 담보물권의 설정, ② 지상권·전세권·등기되는 부동산임차권의 설정, ③ 매매·증여 등 처분 × → 입주자 모집공고 승인신청일~소유권이전등기 신청 가능일(입주가능일) 이후 ___9 까지

리모델링

1. **리모델링허가:** ① 입주자 전체의 동의를 받은 입주자·사용자 또는 관리주체, ② 소유자 ___10 의 동의를 받은 입주자대표회의, ③ 전체 구분소유자와 의결권 각 ___11 이상 + 동별 각 50% 이상의 동의를 받은 리모델링조합 → 시장·군수·구청장의 허가
   *리모델링은 주택단지별 또는 ___12 로 한다. ___13 리모델링은 안전진단 요청, 세대수 증가형 리모델링은 권리변동계획(리모델링 전·후 권리변동명세, 사업비 등) 수립
2. **리모델링 기본계획:** 특별시장·광역시장 및 대도시의 시장이 ___14 단위로 수립 + 5년마다 검토 → 대도시의 시장은 도지사의 승인
   *주민의견청취[공람(14일 이상)] ⇨ 지방의회 의견청취(30일) ⇨ 협의(30일)·심의 ⇨ 수립

투기규제

1. **투기과열지구:** ___16 (시·도지사 의견청취), ___17 (국토부장관과 협의)
   (1) 지정대상: ① 직전 ○ ___18 동안 주택의 월평균 청약경쟁률 ○ ___19 또는 국민주택규모⑩:1 초과, ② 주택분양실적이 전달보다 30% 이상 ___20, ③ 주택보급률이 전국 평균 이하
   (2) 재검토: 국토부장관이 ___21 지정유지 여부 재검토 → 해제가 필요하다고 인정하는 경우 해제 의무(조정대상지역 동일)
   (3) 해제요청: 시·도지사, 시장·군수·구청장 → ___22 이내에 해제여부 결정해서 통보

2. **조정대상지역:** 국토부장관(시·도지사 의견청취) - 과열지역, 위축지역으로 구분

3. **전매행위제한(상속은 제외)**
   (1) 대상: 해당 주택의 입주자로 선정된 날~10년 이내에서 대통령령이 정하는 기간
      ① 투기과열지구에서 건설·공급되는 주택: 수도권 ___23, 비수도권 ___24
      ② 조정대상지역에서 건설·공급되는 주택: 과열지역 - 수도권 3년, 비수도권 1년
      ③ 분양가상한제 적용주택: 공공택지 - 수도권 3년, 비수도권 1년
      ④ 공공택지 외의 택지에서 건설·공급되는 주택
      ⑤ 공공재개발사업에서 건설·공급하는 주택(분양가상한제 적용지역에 한정)
      ⑥ 토지임대부 분양주택: ___25
   (2) 예외: 한국토지주택공사의 동의 → 한국토지주택공사가 우선 매입
      ① 근무·생업상의 사정 등으로 세대원 전원이 다른 행정구역으로 이전하는 경우(___26 안×)
      ② 상속에 따라 취득한 주택으로 세대원 전원이 이전하는 경우
      ③ 세대원 전원이 해외로 이주하거나 2년 이상 해외에 체류하려는 경우
      ④ 이혼으로 인해 주택을 배우자에게 이전하는 경우
      ⑤ 국가·지자체, 금융기관의 채무를 이행하지 못하여 경매·공매가 시행되는 경우
      ⑥ 주택의 ___27 를 배우자에게 증여하는 경우 등

4. **공급질서 교란금지:** ① 주택을 공급받을 수 있는 조합원 지위, ② 입주자저축 증서, ③ ___28 + 양도·양수(___29 은 제외), 알선 또는 광고× → 지위의 무효·계약의 취소(필수적) → 환매, 퇴거명령 → 입주자자격 제한(10년 이내)

정답 **1** 택지비, **2** 국토부장관, **3** 도시형 생활주택, **4** 50층, **5** 국토부장관, **6** 2배, **7** 3년, **8** 5년, **9** 60일, **10** 전원, **11** 75%, **12** 동별, **13** 증축형, **14** 10년, **15** 공공주택사업자×, **16** 국토부장관, **17** 시·도지사, **18** 2개월, **19** 5:1, **20** 감소, **21** 반기마다, **22** 40일, **23** 3년, **24** 1년, **25** 10년, **26** 수도권, **27** 일부, **28** 주택상환사채, **29** 상속·저당

50 해커스 공인중개사 land.Hackers.com

PART 6 농지법

농지의 소유

1. 경자유전(耕者有田)의 원칙

2. 농지소유의 특례:「농지법」에서만 규정
- (1) 국가·지방자치단체
- (2) 학교, 공공단체, 연구기관
- (3) 주말·체험영농(농업인x) + 농업진흥지역 ❘ 1 ❘: 1천m² 미만(세대원 총면적 기준)
- (4) 상속(농업경영x): ❘ 2 ❘까지
- (5) 8년 이상 농업경영 후 이농: ❘ 3 ❘까지
- (6) 농지전용허가·신고
- (7) 농지전용협의 등
- *(1)·(4)·(5)·(6)·(7)은 임대 가능

3. 농지취득자격증명: ❘ 4 ❘이 발급
- (1) 발급대상: 농지를 취득하려는 자
- (2) 예외: ① 국가·지자체, ② 농지전용협의, ③ 상속·합병 등
- (3) 발급절차: 농업경영계획서or주말·체험영농계획서작성 ⇨ 발급신청 ⇨ 발급
  [❘ 5 ❘농업경영계획서면제(학교,농지전용허가·신고등)는 ❘ 6 ❘농지위원회 심의대상은 ❘ 7 ❘ 이내] ⇨ 소유권이전등기시 첨부
  - ✎ 영농계획서 보존기간: ❘ 8 ❘

4. 위탁경영의 예외적 허용: ① 징집·소집, ② 3개월 이상 ❘ 9 ❘, ③ 질병·취학, 선거에 따른 공직취임, ④ 부상으로 ❘ 10 ❘ 이상 치료, ⑤ 임신 중이거나 분만 후 6개월 미만, ⑥ 교도소·구치소에 수용, ⑦ 농업인이 자기 노동력이 부족하여 농작업의 ❘ 11 ❘를 위탁하는 경우 등

5. 농업경영위반시의 조치
- (1) **농지처분의무:** ❘ 12 ❘ 이내 처분
  - ① 농지소유자가 정당한 사유 없이 자경에 이용x + 시장·군수·구청장이 인정하는 경우
  - ② 농지소유상한을 초과하여 소유한 경우(소유상한 초과면적에 한정)
  - ③ 농지전용허가·신고 후 2년 이내에 목적사업에 착수x
- (2) **농지처분명령(시장·군수·구청장):** ❘ 13 ❘ 이내 처분 - ① 거짓 그 밖의 부정한 방법으로 농취증 발급, ② 처분의무기간에 처분x, ③ 농업법인이 부동산업 영위
- (3) **매수청구:** 농지처분명령을 받은 농지소유자는 한국농어촌공사에게 매수청구 - ❘ 14 ❘ 기준으로 매수
- (4) **이행강제금(시장·군수·구청장):** 해당 농지의 감정가 or 개별공시지가 중 더 높은 가액의 ❘ 15 ❘, 연 ❘ 16 ❘ 부과·징수

농지의 이용

1. 대리경작자의 지정: 시장·군수·구청장 → 직권 or 신청
- (1) **지정대상:** 유휴농지(경작·재배x). 다만, 휴경농지나 농지전용허가·신고·협의 등은 제외
- (2) **지정요건:** 농업인·농업법인 지정(원칙). 다만, 곤란한 경우 농업생산자단체, 학교
- (3) **대리경작기간:** 따로 정하지 않으면 ❘ 17 ❘
- (4) **토지사용료:** 수확량의 ❘ 18 ❘을 수확일부터 2개월 내에 농지소유자·임차권자에게 지급

2. 농지의 임대차: 원칙적 금지
- (1) **예외적 허용:** ① 경자유전의 예외, ② 위탁경영의 허용사유, ③ ❘ 19 ❘ 이상 + ❘ 20 ❘ 초과 농업경영, ④ 개인이 ❘ 21 ❘ 이상 소유 + 주말·체험영농하려는 자(직접·간접), ⑤ 이모작을 위한 8개월 이내의 단기임대
- (2) **서면계약:** ❘ 22 ❘의 확인 + 농지의 인도 → 다음 날부터 제3자에게 대항력 발생
- (3) **기간:** ❘ 23 ❘ 이상. 다만, 다년생식물 재배지나 온실·비닐하우스를 설치한 경우에는 ❘ 24 ❘ 이상 → 기간을 정하지 않거나 미만으로 정한 경우 이 기간으로 간주(국·공유농지x)

💡 용어정의

1. 농지(지목불문): 실제로①농작물의 경작지,②다년생식물의 재배지(❘ 25 ❘ 목적x), ③ 농지개량시설의 부지, ④농축산물 생산시설[온실·비닐하우스, 농막(❘ 26 ❘ m² 이하 + 주거목적x)]의 부지로 이용하는 토지
- ✎ **농지에서 제외:** ① 지목이 전·답·과수원x + ❘ 27 ❘ 미만, ② 지목이 임야 + 산지전용허가x + 경작·재배, ③ 초지

2. 농업인: ① ❘ 28 ❘ 이상의 농지 or 1년 중 ❘ 29 ❘ 농업에 종사, ② 대가축 2두·중가축 10두·소가축 100두·가금 1천수·꿀벌 10군 이상 사육 or 1년 중 120일 이상 축산업에 종사, ③ 연간 농산물 판매액 ❘ 30 ❘ 이상

3. 농업법인: 영농조합법인, 농업인 ❘ 31 ❘ 이상인 농업회사법인

4. 자경: 농업인이 경작·재배에 ① 상시 종사, ② 농작업 ❘ 32 ❘ 이상 자기의 노동력 ≠ 위탁경영(농지소유자가 타인에게 보수를 지급하고 농작업의 전부 또는 일부를 위탁)

5. 농지전용: 농지를 농업생산, 농지개량 이외의 목적으로 사용하는 것
- ✎ **농지개량:** 농지의 생산성을 높이기 위한 형질변경행위

농지의 보전

1. 농업진흥지역
- (1) **지정:** ❘ 33 ❘ → 농림부장관의 승인
  - ① 농업진흥구역: 집단화된 농지
  - ② 농업보호구역: 용수원 확보 등 농업환경 보호

농업진흥구역
농업보호구역

- (2) **대상:** 녹지(❘ 34 ❘), 관리·농림·자연환경보전지역
- (3) **행위제한**
  - ① 농업진흥구역: 농업생산·농지개량과 직접 관련된 행위만 가능. 다만, 농업인 주택, 농업인의 공동생활시설, 농수산물 가공·처리시설의 설치 등은 허용
  - ② 농업보호구역: 농업진흥구역에서 가능한 행위, 농업인의 소득증대, 생활여건개선을 위한 시설의 설치 등은 가능
  - ③ 1필지의 토지가 농업진흥구역과 농업보호구역에 걸치는 경우: 농업진흥구역이 330m² 이하인 때에는 ❘ 35 ❘의 행위제한을 적용
- (4) **매수청구:** 농업진흥지역 안의 농지를 소유한 농업인·농업법인 → 한국농어촌공사에게 매수청구 - 감정가 기준으로 매수

2. 농지전용의 규제
- (1) **농지전용허가:** 농지를 전용하려는 자 → 농림부장관의 허가
  - ① 제외: 농지전용협의·신고한 농지, 불법개간한 농지의 산림으로 복구
  - ② 필수적 취소: ❘ 36 ❘을 위반한 경우
- (2) **농지전용신고:** 시장·군수·구청장에게 신고
  - ✎ 농업인주택: 농업진흥지역 밖 + 무주택세대주 + ❘ 37 ❘ 이하
- (3) **농지전용협의:** 주무부장관·지자체의 장이 도시지역에 주거·상업·공업지역을 지정하거나, 도시·군계획시설의 결정시 그 예정지에 농지가 포함되는 경우 → 농림부장관과 협의
- (4) **타용도 일시사용허가:** 시장·군수·구청장의 허가 - 간이농수축산업용시설은 ❘ 38 ❘ 이내 + 5년 연장
- (5) **농지보전부담금:** 농지전용허가·신고, 협의하고 농지를 전용하는 자 → 농림부장관에게 허가·신고 전까지 납부(농업진흥지역의 농지는 개별공시지가의 ❘ 39 ❘, 그 밖의 농지는 20/100)
  - ✎ 가산금: 체납금액의 ❘ 40 ❘
- (6) **농지개량행위의 신고:** 농지개량 중 성토 또는 절토를 하려는 자 → 시장·군수·구청장에게 신고

3. 농지대장: ❘ 41 ❘ - 모든 농지에 대해 필지별로 작성·비치

4. 농지관리 기본계획 및 실천계획
- (1) **기본계획:** 시·도지사가 ❘ 42 ❘마다 수립 → 농림부장관의 승인
- (2) **실천계획:** 시장·군수·구청장이 ❘ 43 ❘마다 수립 → 시·도지사의 승인

정답 1 외, 2 2만m², 3 1만m², 4 시·구·읍·면장, 5 7일, 6 4일, 7 14일, 8 10년, 9 국외여행, 10 3개월, 11 일부, 12 1년, 13 6개월, 14 공시지가, 15 25/100, 16 1회 반복, 17 3년, 18 10/100, 19 60세, 20 5년, 21 3년, 22 시·구·읍·면장, 23 3년, 24 5년, 25 조경, 26 20, 27 3년, 28 1천m², 29 90일 이상, 30 120만원, 31 1/3, 32 1/2, 33 시·도지사, 34 특별시x, 35 농업보호구역, 36 조치명령, 37 660m², 38 7년, 39 30/100, 40 3/100, 41 시·구·읍·면장, 42 10년, 43 5년

MEMO

해커스 공인중개사

공법 암기카드

언제 어디서나 편하게!
공법 미니체크도 무료제공!

---

4 주민의견청취 비교

1. 광역도시계획, 도시·군기본계획: 공청회 ⇨ 주민과 관계전문가의 의견
2. 도시·군관리계획: 공고·열람 ⇨ 주민의 의견

---

5 도시·군관리계획의 입안권자 및 결정권자

1. 입안권자
   ① 원칙: 특별시장·광역시장·특별자치시장·특별자치도지사·시장 또는 군수
   ② 예외: 국토교통부장관 또는 도지사
   ③ 입안제안: 주민(이해관계자 포함)
2. 결정권자
   ① 원칙: 시·도지사 또는 대도시의 시장
   ② 예외: 시장 또는 군수, 국토교통부장관, 해양수산부장관

---

6 공유수면 매립지의 특례

1. 매립준공인가일부터 이웃 용도지역으로 지정의제
   ① 예외: 국토교통부장관 또는 도지사
2. 매립목적이 이웃 용도지역의 내용과 다른 경우: 매립구역이 속한 도시·군관리계획결정으로 지정

---

9 용도지역·용도지구·용도구역

구분	용도지역	용도지구	용도구역
지정범위	전국의 토지(필수적), 다만, 미지정 지역이 있을 수 있음	일부 토지(국지적)	일부 토지(국지적)
지정효과	용도지역의 제한을 건축물·용도규율 제한	용도지역·용도지구의 제한을 강화 또는 완화 하여 따로 정함	용도지역·용도지구의 행위제한을 강화 또는 완화
지정성격	2차적·임체적 건축제한	2차적·임체적 건축제한	독자적 토지이용과 건축제한
중복지정	×	○	-

---

10 건폐율과 용적률

1. 건폐율 = $\dfrac{건축면적}{대지면적} \times 100$
   ∴ 건축면적 = 건폐율 × 대지면적/100
2. 용적률 = $\dfrac{연면적}{대지면적} \times 100$
   ∴ 연면적 = 용적률 × 대지면적/100

---

12 용도지역 건축제한 - 도시·군계획조례(원칙)

종류	세분	건축제한
경관지구	자연, 시가지, 특화(수변·건축물)	도시·군계획조례로 정하는 특별건축선 이상 건축물
고도지구		
방화지구		
방재지구	시가지, 자연	
보호지구	역사문화환경(지역), 중요시설물(항만·공항·공용·교정·군사시설), 생태계	
취락지구	자연(녹·관·농·자), 집단(개발제한구역)	
개발진흥지구	주거산업·유통(공업·유통물류), 관광·휴양, 복합, 특정	• 지역여건상(4층 이하) • 집단취락지구: 개별법령
특정용도제한지구		지구단위계획 또는 개발계획
복합용도지구	일반주거지역, 일반공업지역, 계획관리지역	

---

13 용도지역 미지정·미세분 지역에서의 행위제한 적용기준

가장 행위제한이 강한 용도지역의 규정을 적용
1. 용도지역이 미지정: 자연환경보전지역
2. 도시지역이 미세분: 보전녹지지역
3. 관리지역이 미세분: 보전관리지역

---

16 공동구 설치비용과 관리비용 부담

1. 설치비용: 공동구 점용예정자와 사업시행자가 함께 부담
2. 관리비용: 공동구를 점용하는 자가 함께 부담

---

17 광역시설의 설치 및 관리

1. 원칙: 도시·군계획시설의 규정
2. 예외: ① 협약·협의회, ② 도시사, ③ 법인

---

18 도시·군계획사업

1. 도시·군계획시설사업
2. 도시개발법에 따른 도시개발사업
3. 「도시 및 주거환경정비법」에 따른 정비사업

---

19 도시·군계획사업의 시행자

1. 원칙: 특별시장·광역시장·특별자치시장·특별자치도지사·시장 또는 군수
2. 국토교통부장관: 국가계획과 관련
3. 도지사: 광역도시계획과 관련
4. 비행장중인 시행자(지정)

---

23 장기미집행 도시·군계획시설부지 매수청구의 작용 별론

1. 매수가격·매수절차: 「공익사업을 위한 토지 등의 취득 및 보상에 관한 법률」
2. 도시·군계획시설채권의 발행권자: 지방자치단체

---

24 장기(10년)미집행 시설부지에서의 효과

1. 매수청구: 지목이 대인 토지소유자
2. 지방의회 보고: 특별시장·광역시장·특별자치시장·특별자치도지사·시장 또는 군수
3. 해제입안 신청: 시설부지의 토지소유자

---

25 지구단위계획구역 의무적 지정대상

1. 정비구역 및 택지개발지구: 사업이 끝난 후 10년이 지난 지역
2. 시가화조정구역 또는 공원에서 해제되는 지역: 면적 30만m² 이상
3. 녹지지역에서 주·상·공업지역으로 변경되는 지역: 면적 30만m² 이상

---

26 지구단위계획 의무적 포함사항

1. 기반시설의 배치와 규모
2. 건축물의 용도제한, 건축물의 건폐율 또는 용적률, 건축물 높이의 최고한도 또는 최저한도

< 2 > < 4 > < 6 > < 8 > < 10 >

1 국토의 계획 및 이용에 관한 법률

1 광역계획권의 지정권자 및 광역도시계획의 수립권자

1. 광역계획권이 같은 도의 관할구역에 속하는 경우
   ① 도지사가 지정
   ② 시장 또는 군수가 공동 수립 ⇨ 도지사의 승인
   예 경기도

2. 광역계획권이 둘 이상의 시·도의 관할구역에 걸치는 경우
   ① 국토교통부장관이 지정
   ② 시·도지사가 공동 수립 ⇨ 국토교통부장관의 승인
   예 시·도

2 광역도시계획의 수립권자

1. 원칙: 시장 또는 군수 공동(같은 도), 시·도지사 공동(둘 이상의 시·도)
2. 국토교통부장관 지정
3. 도시사와 시장 또는 군수 공동 ⇨ 국토교통부장관의 승인

3 도시·군기본계획의 법적 성격

1. 법정계획, 2. 장기계획, 3. 종합계획, 4. 비구속적 계획, 5.과정계획(5년마다 타당성 검토)

< 1 >

11 용도지역

종류		세분	지정목적	건폐율	용적률
도시지역	주거지역	전용 1종	단독+양호	50	100
		전용 2종	공동+양호	50	150
		일반 1종	저층+편리	60	200
		일반 2종	중층+편리	60	250
		일반 3종	중고층+편리	50	300
		준	주거+상·업무	70	500
	상업지역	근린지역	유통기능	70	900
		유통	일반적	80	1,100
		일반	도심·부도심	80	1,300
		중심	중심상·중고성	90	1,500
	공업지역	전용	환경 지해x	70	300
		일반	경공업+주·상·업무	70	350
		준	녹지공간의 보전	70	400
	녹지지역	보전	녹지공간의 보전	20	80
		생산	농업생산+개발 허용	20	80
		자연	제한적 개발 허용	20	100
관리지역		보전	자연환경보전지역으로 지정하기가 곤란	20	80
		생산	농림지역으로 지정하기가 곤란	20	80
		계획	도시지역으로 편입이 예상	40	100
농림지역			농업진흥지역·보전산지+농업의 진흥·산림의 보전	20	80
자연환경 보전지역			자연환경·수자원·해안·생태계·상수원·국가유산의 보전	20	80

< 5 >

20 도시·군계획시설사업 시행을 위한 조치

1. 분할시행
2. 관계 서류의 무상열람 등
3. 공사 송급
4. 토지 등의 수용·사용
5. 타인토지의 출입 등

21 타인토지의 출입 등의 절차

구분	절차	통지	기타
타인토지의 출입	허가(행정청 x)	7일 전까지	일출 전, 일몰 후에는 점유자의 승낙
	동의	3일 전까지	동의를 받을 수 없는 경우 행정청의 허가
일시사용, 장애물의 변경·제거	동의		비행정청은 허가

22 장기미집행 도시·군계획시설부지 매수청구의 상대방 - 매수의무자

1. 원칙: 특별시장·광역시장·특별자치시장·특별자치도지사·시장 또는 군수
2. 도시·군계획시설의 설치·관리의무자
3. 도시·군계획시설을 설치하거나 관리하여야 할 자

< 9 >

7 관리지역의 특례

1. 관리지역 + 농업진흥지역 ⇨ 농림지역
2. 관리지역 + 보전산지 ⇨ 고시에서 구분하는 바에 따라 농림지역 or 자연환경보전지역
   으로 결정·고시의제

8 도시계획의 비교

구분	광역도시계획	도시·군기본계획	도시·군관리계획
수립대상지역	광역계획권	특별시·광역시·특별자치시·특별자치도·시 또는 군	특별시·광역시·특별자치시·특별자치도·시 또는 군
구속력	x(행정계획)	x(행정계획)	O(행정처분)
행정쟁송대상	x	x	공고·열람
주민의견청취	공청회	공청회	공고·열람
일반 열람기간	30일 이상	30일 이상	무제한
효력발생시기	x	x	지형도면 고시일
타당성 검토	x	5년마다	5년마다

14 용도구역의 지정권자 및 행위제한

구분	지정권자	행위제한
개발제한구역	국토교통부장관	「개발제한구역의 지정 및 관리에 관한 특별조치법」
도시자연공원구역	시·도지사 또는 대도시의 시장	「도시공원 및 녹지 등에 관한 법률」
시가화조정구역	시·도지사(원칙), 국토교통부장관	1. 도시·군계획사업(대통령령), 2. 허가대상 행위
수산자원보호구역	해양수산부장관	「수산자원관리법」
도시·군계획시설 입체복합구역	도시·군계획의 결정권자	대통령령 (건폐율 150%, 용적률 200% 이하)
도시혁신구역	공간재구조화계획 결정권자	도시혁신계획
복합용도구역	공간재구조화계획 결정권자	복합용도계획

< 3 >

15 도시·군계획시설의 설치·관리

1. 도시·군계획시설의 결정·구조 및 설치기준: 국토교통부령
2. 도시·군계획시설의 관리
   ① 국가: 대통령령(중앙관서의 장)
   ② 지방자치단체: 조례
3. 공동 및 지하의 설치기준과 보상: 따로 법률

< 7 >

27 공법상 채권 비교

구분	도시·군계획시설 채권	도시성환권	도지개발채권	주택상환사채
발행자	매수의무자인 지방자치단체	도시개발사업 시행자(수용방식)	시·도지사	한국토지주택공사, 등록사업자
발행승인	-	지정권자	행정안전부장관	국토교통부장관
지급보증	-	민간시행자	-	등록사업자
발행방법	-	기명식	전자등록 또는 무기명	기명식
상환기간	10년 이내	-	5~10년의 범위	3년 초과금지
이율	장기예금금리 이상	발행자	시·도 조례	-
준용법률	지방재정법	-	-	-
소멸시효	-	-	원금 5년, 이자 2년	상법

< 11 >

28 개발행위허가대상(도시·군계획사업은 제외)

건축물의 건축	「건축법」에 따른 건축물의 설치
공작물의 설치	인공을 가하여 제작한 시설물의 설치
토지의 형질 변경	절토·성토·정지·포장 등으로 토지의 형상을 변경하는 행위와 공유수면의 매립(경작을 위한 경우로서 대통령령으로 정하는 토지의 형질변경은 제외)
토석채취	흙·모래·자갈·바위 등의 토석을 채취하는 행위(토지의 형질변경을 목적으로 하는 것은 제외)
토지분할	(건축물이 있는 대지는 제외) 1. 녹지지역·관리지역·농림지역 또는 자연환경보전지역에서 관계 법령에 따른 허가·인가 등을 받지 아니하고 행하는 토지의 분할 2. 「건축법」에 따른 분할제한면적 미만으로의 토지의 분할 3. 너비 5m 이하
물건의 적치	녹지지역·관리지역 또는 자연환경보전지역안의 토지에 물건을 1개월 이상 쌓아놓는 행위

29 개발행위 허가기준 (기, 위, 환, 경)

1. 기반시설의 설치, 용지확보
2. 위해방지
3. 환경오염방지
4. 경관·조경

4 「공익사업을 위한 토지 등의 취득 및 보상에 관한 법률」상 사업인정·고시와 의제 비교

1. 도시·군계획시설사업: 실시계획의 고시
2. 도시개발사업: 토지 등의 세부 고시
3. 정비사업: 사업시행계획인가·고시

5 토지의 공급방법 비교

1. 원칙적인 공급방법: 수의계약에 의함, 공영으로 경쟁입찰(2회 이상 유찰시 수의계약)
2. 조성토지의 공급방법: 경쟁입찰의 원칙, 추첨과 수의계약은 예외

6 환지처분의 효과 - 환지처분 공고일의 다음 날

1. 권리의 이동, 종전 토지는 ↔환지
2. 체비지·보류지의 소유권 취득
3. 청산금의 확정

7 청산금의 결정 및 확정

1. 결정: 환지처분을 하는 때
2. 확정: 환지처분 공고일의 다음 날

14 도시개발조합과 정비사업조합의 비교

구분	도시개발조합	정비사업조합
설립인가	×	○(재개발사업만 예외 있음)
추진위원회	×	○
동의요건	면적 3분의 2 + 총수 2분의 1	·재개발사업: 토지등소유자 4분의 3 + 면적 2분의 1 ·재건축사업: 동별 구분소유자 과반수 + 전체 구분소유자 4분의 3, 토지면적 4분의 3, 단, 주택단지 아닌 지역 토지 또는 건축물 소유자 4분의 3 + 면적 3분의 2
인가권자	지정권자	시장·군수 등
임원임기	설립인가 후 30일 이내 등기하면 설립(법인)	토지등소유자별로
조합원	지정권자	토지등소유자(재건축사업은 동의한 자로 한정)
임원임기	다음 날로 지정성립	임원임기
대의원회	50명 이상(임의적)	100명 이상(의무적)

33 기반시설부담금의 납부

1. 부과대상: 200m²을 초과하는 건축물의 신축·증축행위
2. 부과시기: 건축허가를 받은 날부터 2개월 이내
3. 납부시기: 사용승인신청시까지

34 건축물별 기반시설유발계수

① 단독주택: 0.7
③ 공동주택: 0.7
④ 제2종 근린생활시설: 1.6
⑤ 문화 및 집회시설: 1.4
⑥ 판매시설: 1.3
⑨ 의료시설: 0.9
⑩ 교육연구시설: 0.7
⑪ 노유자시설: 0.7
⑬ 운동시설: 0.7
⑭ 업무시설: 0.7
⑮ 숙박시설: 1.0
⑯ 위락시설: 2.1
⑰ 관광휴게시설: 1.9
⑱ 야영장시설: 0.7
* (이하 ⑦ ~ ⑱까지 생략)
* 정비사업: 0.7

5 비행정청의 제안사항 비교

구분	도시·군관리계획의 입안	도시개발구역 지정	정비계획의 입안
제안자	주민(이해관계인 포함)	국가·지방자치단체 및 조합을 제외한 사업시행자	토지등소유자
상대방	입안권자	시장·군수	시장·군수

6 주민의견청취 비교

구분	일반	약식
방법(수용)	45일, 1회에 한하여 30일 연장 가능	60일, 한차례만 30일 연장 가능

1. 기본계획의 수립: 14일 이상
2. 정비계획의 입안: 30일 이상

7 허가대상 개발행위의 비교

1. 개발행위허가: 건축물의 건축
2. 도시개발구역: 건축물의 건축 등 행위
3. 정비구역: 건축물(가설건축물 포함)의 건축, 용도변경

8 정비사업의 시행방법

1. 주거환경개선사업: 자율주택정비방법, 수용방법, 환지방법
2. 재개발사업: 관리처분방법(건축물), 환지방법
3. 재건축사업: 관리처분방법(주택, 오피스텔)

---

4 건축물

1 건축물의 의의

토지에 정착하는 공작물 중
1. 지붕과 기둥이 있는 것
2. 지붕과 벽이 있는 것
3. 지붕과 기둥 또는 벽이 있는 것

2 「건축법」을 적용하지 않는 건축물

1. 지정 또는 임시지정문화유산, 천연기념물 등(명승, 시·도자연유산, 자연유산자료)
2. 철도나 궤도의 선로부지에 있는 다음의 시설
   ① 운전보안시설
   ② 철도 선로의 위나 아래를 가로지르는 보행시설
   ③ 플랫폼
   ④ 해당 철도 또는 궤도사업용 급수·급탄 및 급유시설
3. 고속도로 통행료 징수시설
4. 컨테이너를 이용한 간이창고(공장의 용도로 건축물)
5. 「하천법」에 따른 하천구역 내의 수문조작실

< 20 > < 16 > < 12 >
< 22 > < 18 > < 14 >

< 13 >

30 초장 5년(3년 + 2년)간 개발행위허가가 제한 지역

1. 도시·군기본계획이나 도시·군관리계획을 수립하는 지역
2. 지구단위계획구역
3. 기반시설부담구역

31 개발행위에 따른 공공시설의 귀속

개발행위허가를 받은 자	새로 설치된 공공시설	용도폐지되는 종래의 공공시설
행정청 ○	관리청에 무상귀속	개발행위허가를 받은 자에게 무상귀속
행정청 ×	관리청에 무상귀속	새로 설치한 공공시설의 설치비용에 상당하는 범위에서 개발행위허가를 받은 자에게 무상양도 가능

32 「국토의 계획 및 이용에 관한 법률」상 실효·해제사유 비교 - 그 다음 날

구분	기간	사유	효과
시가화조정구역	시가화 유보기간	유보기간(5년~20년) 만료	실효
도시·군계획시설	20년	도시·군계획시설사업 시행×	실효
지구단위계획구역	3년	지구단위계획 수립×	실효
지구단위계획구역(주민입안)	5년	사업이나 공사에 착수×	실효
기반시설부담구역	1년	기반시설설치계획 수립×	해제

---

3 도시 및 주거환경정비법

▶미니체크도

1 정비사업의 구분

1. 주거환경개선사업: 정비기반시설이 극히 열악 + 노후·불량건축물이 과도 밀집
2. 재개발사업: 정비기반시설이 열악 + 노후·불량건축물이 밀집
3. 재건축사업: 정비기반시설이 양호 + 노후·불량건축물인 공동주택이 밀집

2 공람상 계획의 수립단위 비교

10년 단위로 수립	정비기본계획, 리모델링기본계획
5년마다 타당성 검토	도시·군기본계획, 도시·군관리계획, 성장관리계획, 정비기본계획, 리모델링기본계획

3 정비계획의 입안권자·지정권자

1. 정비계획: 특별자치시장·특별자치도지사·시장·군수 또는 자치구의 구청장
2. 정비구역 지정권자: 특별시장·광역시장·특별자치시장·특별자치도지사·시장 또는 군수(광역시의 군수는 제외)

4 기본계획과 정비계획의 비교

1. 기본계획: 건축물의 용적률 등에 관한 건축물의 밀도계획, 세입자에 대한 주거안정대책
2. 정비계획: 건축물의 주용도·건폐율·용적률·높이에 관한 계획, 세입자 주거대책

< 17 >

15 계획의 작성기준 비교

1. 환지계획: 종전 토지와 환지의 위치·지목·면적·토질·수리·이용상황·환경 등을 종합적 고려
2. 관리처분계획: 종전 토지 또는 건축물의 면적·이용상황·환경 등을 종합적 고려

16 재건축사업의 주택공급기준

1. 원칙: 1주택 공급
2. 과밀억제권역에 위치: 3주택까지 공급 가능(투기과열지구·조정대상지역 제외)
3. 과밀억제권역에 위치× : 소유한 주택 수만큼 공급 가능(투기과열지구·조정대상지역 제외)

17 인가 여부의 통보 처리기간

1. 사업시행계획인가: 신청일부터 60일 이내
2. 관리처분계획인가: 신청일부터 30일 이내

18 사업완료에 의한 정비구역의 해제

1. 준공인가 이전 고시가 있은 때의 다음 날
2. 「이외의」 사업은 준공인가의 고시일의 다음 날

< 21 >

---

2 도시개발법

▶미니체크도

1 도시개발구역의 지정권자

1. 원칙: 시·도지사, 대도시의 시장
2. 예외: 국토교통부장관

2 도시개발구역의 지정대상 및 규모

도시지역	1. 주거지역 및 상업지역: 1만m² 이상 2. 공업지역: 3만m² 이상 3. 자연녹지지역: 1만m² 이상 4. 생산녹지지역(생산녹지지역이 도시개발구역 지정면적의 100분의 30 이하인 경우: 1만m² 이상
도시지역 외의 지역	30만m² 이상(10만m² 예외)

3 기득권 보호

1. 초등학교공사를 확보하여 관할 교육청과 협의한 경우
2. 「도로법」에 따른 도로 또는 4차로 이상의 연결도로를 설치하는 경우

< 15 >

9 정비사업의 시행자

1. 주거환경개선사업: 시장·군수 등, 토지주택공사 등(공공)
2. 재개발사업: 조합, 토지등소유자(20인 미만)
3. 재건축사업: 조합

10 시공자 선정

1. 조합: 조합설립인가 후 + 경쟁입찰(원칙)
2. 토지등소유자: 사업시행계획인가 후 + 군수
3. 시장·군수 등, 토지주택공사 등: 사업시행자지정·고시 후 + 경쟁입찰(원칙)

11 조합원 지위 양도제한 - 투기과열지구

1. 재개발사업: 조합설립인가 후
2. 재건축사업: 관리처분계획인가 후

12 조합임원이 결격사유에 해당하는 경우

1. 도시개발구역: 다음 날에 지역상실
2. 재개발사업: 당연퇴임
3. 주택조합: 당연퇴직

13 총회의 소집

1. 조합장 직권소집
2. 조합원 5분의 1(1인에 관한 사항은 10분의 1) 이상 요구로 조합장 소집
3. 대의원 3분의 2 이상 요구로 조합장 소집
4. 시장·군수 등의 소집

< 19 >

3 「건축법」의 전부적용 지역

①도시지역, ②지구단위계획구역, ③동·읍의 지역(섬인 경우 인구 500명 이상)

4 건축허가의 법적성질

1. 금지의 해제(원칙은 '허가')
2. 예외행위: 단, 위락시설 또는 숙박시설은 주변환경의 보호를 위하여 재량행위
3. 대물적 허가: 건축허가는 이전성(양도나 이전)이 있음
4. 요식행위(서면), 쌍방적 행위(신청 ↔ 허가), 접물요건(무허가건축물도 거래 가능)

5 건축허가의 허가권자 - 도지사는 허가권자 ×

1. 원칙: 시장·군수·구청장
2. 예외: 특별시장·광역시장 ⇔ 21층 이상 또는 연면적 10만m² 이상(공장·창고는 제외)

< 23 >

< 24 >

6 허가제한의 비교

구분	개발행위허가제한	건축허가제한
허가권자	특별시장·광역시장·특별자치시장·특별자치도지사·시장·군수	특별시장·광역시장·특별자치시장·특별자치도지사·시장·군수·구청장
제한권자	국토교통부장관, 시·도지사, 시장·군수	국토교통부장관 ⇨ 허가권자, 특별시장·광역시장·도지사 ⇨ 시장·군수·구청장
제한기간	1회 3년 이내 + 1회 2년 이내 연장	2년 이내 + 1회 1년 이내 연장

7 사용승인대상 = 착공신고대상(공용건축물은 해당x)

1. 건축허가를 받은 건축물
2. 건축신고를 한 건축물
3. 건축허가를 받은 가설건축물

4 주택조합 설립인가 요건

1. 지역·직장주택조합: 80% 이상 토지사용권 + 15% 이상 토지소유권 확보
2. 리모델링주택조합: 구분소유자 및 의결권 3분의 2 이상 결의

5 직장주택조합

1. 설립인가: 건설 + 공급
2. 설립신고: 국민주택 공급(무주택세대주)

6 조합원의 자격

1. 지역주택조합: 무주택 or 85m² 이하 주택 1채 소유한 세대주 + 6개월 이상 거주
2. 직장주택조합: 무주택 or 85m² 이하 주택 1채 소유한 세대주 + 같은 직장에 근무
3. 리모델링주택조합: 공동주택 또는 복리시설의 소유자
cf) 설립신고하는 직장조합: 무주택세대주

7 토지사용권 확보 비교

1. 조합원 모집신고: 50% 이상 토지사용권 확보 + 공개모집
2. 조합설립인가: 80% 이상 토지사용권 + 15% 이상 토지소유권 확보

< 28 >

20 주거정책심의위원회의 심의대상

1. 분양가상한제 적용지역의 지정 또는 해제
2. 투기과열지구의 지정 또는 해제
3. 조정대상지역의 지정 또는 해제

21 공급질서 교란금지 위반에 대한 조치

1. 지위의 무효
2. 계약의 취소
3. 사용주체의 환매
4. 퇴거명령
5. 입주자격 제한
6. 환행절반: 3년 이하의 징역 또는 3천만원 이하의 벌금

22 리모델링의 허가

1. 입주자·사용자 또는 관리주체: 입주자 전체의 동의
2. 입주자대표회의: 소유자 전원의 동의
3. 리모델링주택조합: 구분소유자 및 의결권의 75% 이상 동의

< 32 >

---

6 농지법

▶미니체크도

1 농업경영계획서의 작성면제 - 농지취득자격증명은 발급받아야 함

1. 학교, 공공단체, 농업연구기관 등
2. 농지전용허가, 농업전용신고 등
3. 농지전용신고 등

2 공청회를 개최하는 경우

1. 광역도시계획의 수립
2. 도시·군기본계획의 수립
3. 도시개발구역의 지정(100만m² 이상)

3 농지의 임대차기간

1. 원칙: 3년 이상
2. 다년생식물 재배지나 시설(온실·비닐하우스) 설치: 5년 이상
3. 이모작을 위한 단기 임대차(대차: 8개월 이내)

< 30 >

13 매도청구 비교

구분	정비법	건축법	주택법
청구권자	재건축사업의 시행자	건축허가를 받은 건축주(공유자: 지분율 80% 이상 확보)	사업계획승인을 받은 사업주체(80% 사용권원 확보) 리모델링주택조합(리모델링허가 신청을 위한 동의율 확보)
상대방	조합설립에 동의하지 않은 자	동의하지 않은 공유자	사용권원 확보하지 못한 대지 소유자 리모델링 결의에 찬성하지 않은 자
가격	-	시가	-
절차	협의종료 ⇨ 매도청구	3개월 이상 협의	3개월 이상 협의 직접건축물 준용

14 감리대상의 지정 비교

1. 「도시개발법」: 지정권자 ⇨ 실시계획인가를 할 때
2. 「건축법」: 건축주 ⇨ 건축허가대상인 건축물
3. 「주택법」: 사업계획승인권자 ⇨ 주택건설사업계획승인을 할 때

15 준공검사의 비교

1. 「건축법」: 사용승인 ⇨ 허가권자(처리기간은 7일)
2. 「주택법」: 사용검사 ⇨ 시장·군수·구청장(처리기간은 15일)

< 34 >

10 지하층의 특례

1. 지하층은 건축물의 층수에 산입 x
2. 지하층의 바닥면적은 용적률을 산정할 때에는 연면적에서 제외

11 「건축법」상 입조권 확보대상

1. 전용주거지역이나 일반주거지역 안의 모든 건축물
2. 공동주택(일반상업지역·중심상업지역은 제외)

12 건축협정의 체결과 폐지

1. 체결: 소유자 전원의 합의 + 인가
2. 폐지: 협정체결자 과반수의 동의 + 인가

13 위반건축물에 대한 허가권자의 조치 - 벌금형의 부과 또는 해당 x

1. 허가(승인)의 취소(영업정지)
2. 공사 중지나 해체 등 시정명령 ⇨ 불응시 이행강제금 부과
3. 영업허가 등의 제한 요청

14 이행강제금의 부과횟수

1. 「건축법」: 1년에 2회 이내
2. 「농지법」: 매년 1회

< 26 >

8 ① 접도의무, ② 건축선에 따른 건축제한

①
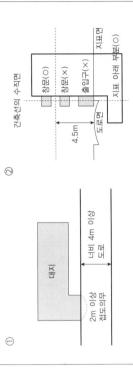

②
건축선의 수직면
4.5m
도로면
지표면
창문(O)
창문(X)
출입구(X)
지표 아래 부분(O)

9 소요너비 미달도로에서의 예외적인 건축선

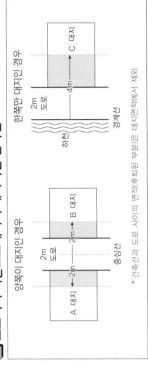

양쪽이 대지인 경우 / 한쪽만 대지인 경우
A 대지 — 2m 도로 2m — 중심선 — B 대지
2m 도로 4m — 경계선 — 하천 — C 대지

* 건축선과 도로 사이의 면적(후퇴된 부분은 대지면적에서 제외)

< 25 >

---

8 해산 여부의 결정 등

1. 조합원 모집신고 후 2년 이내에 조합설립인가× ⇨ 사업종결 여부 결정
2. 조합설립인가 후 3년 이내에 사업계획승인× ⇨ 해산 여부 결정

9 건축허가와 사업계획승인대상 비교

1. 건축허가: 단독주택 29호, 공동주택 29세대 이하 건축
2. 사업계획승인: 단독주택 30호, 공동주택 30세대 이상 건설

10 등록대상과 사업계획승인대상 비교

1. 등록사업자: 연간 20호 이상, 연간 1만m² 이상
2. 사업계획승인: 30호·30세대 이상, 1만m² 이상

11 착공기간 - 정당한 사유가 있으면 1년까지 연장 가능

1. 건축허가: 2년 이내에 착수× ⇨ 필수적 취소
2. 사업계획승인: 5년 이내에 착수× ⇨ 임의적 취소

12 대지사용권 확보 비교

1. 사업계획승인: 지구단위계획결정 + 80% 이상 대지사용권 확보
2. 매도청구: 95% 이상 대지사용권 확보 ⇨ 모든 소유자에게 매도청구 가능

< 29 >

---

23 리모델링주택조합의 결의요건

구분	주택단지 전체		동
조합설립인가 신청시	전체 구분소유자와 의결권의 각 2/3 이상+	각 동의 구분소유자와 의결권의 각 과반수	동의 구분소유자와 의결권의 각 2/3 이상
리모델링허가 신청시	전체 구분소유자와 의결권의 각 75% 이상+	각 동의 구분소유자와 의결권의 각 50% 이상	동의 구분소유자와 의결권의 각 75% 이상

24 도지사의 승인 비교

1. 도시·주거환경정비기본계획: 대도시의 시장이 아닌 시장은 도지사의 승인
2. 리모델링기본계획: 대도시의 시장은 도지사의 승인

25 등록사업자(법인)

1. 등록기준: 자본금 3억원 이상
2. 시공권: 자본금 5억원 이상 ⇨ 최근 5년간 100호·세대 이상 건설
3. 주택상환사채: 자본금 5억원 이상 ⇨ 최근 3년간 300호 이상 건설

26 주택상환사채의 양도

1. 양도방법(명의변경): 사채원부에 기록
2. 대항요건: 채권에 기록

< 33 >

---

5 주택법

1 리모델링 - 노후화 억제 또는 기능 향상을 위한 행위

1. 「건축법」: 대수선, 증축 또는 개축
2. 「주택법」: 대수선 또는 증축

2 사업주체 - 사업계획승인을 받아 주택건설사업 또는 대지조성사업을 시행하는 자

1. 등록사업자(임의)
2. 비등록사업자
   ① 공공사업주체
   ② 공익법인
   ③ 공동사업주체: 주택조합, 고용자

3 공동사업주체의 종류

1. 토지소유자 + 등록사업자(임의적)
2. 주택조합 + 등록사업자(임의적)
3. 고용자 + 등록사업자(의무적)

< 27 >

---

16 분양가격의 구성항목

1. 분양가상한제: 택지비 + 건축비
2. 분양가격 공시: 택지비, 공사비, 건경비 등

17 분양가상한제 적용주택 - 수도권

1. 거주의무기간: 최초 입주가능일부터 3년 이내 입주 + 5년 이내 거주
2. 전매제한기간: 입주자로 선정된 날부터 10년 이내

18 매도청구 요건 비교

1. 사업계획승인 후 모든 소유자에게 매도청구: 대지면적 95% 이상 사용권 확보
2. 사용검사 후 실소유자에게 매도청구: 주택단지 전체 대지면적 5% 미만

19 지정권자 비교

1. 분양가상한제 적용지역: 국토교통부장관
2. 투기과열지구: 국토교통부장관, 시·도지사
3. 조정대상지역: 국토교통부장관

< 31 >

---

4 농업진흥구역 - 녹지(특별시×), 관리, 농림, 자연환경보전지역

1. 농업진흥구역: 집단화된 농지
2. 농업보호구역: 농업진흥구역의 농업환경 보호

5 매수가격 기준 비교

1. 농지전용협의에 따른 매수청구: 공시지가 기준
2. 농업진흥지역 농지매수청구: 감정가격 기준

6 농지보전부담금

1. 부과금액: 개별공시지가 30%(농업진흥지역 밖은 20%) × 전용면적
2. 가산금: 해당 부담금의 3%
3. 중가산금: 해당 부담금의 1.2%

< 35 >

저자 약력

한종민 교수

서울시립대학교 법학과 졸업 및 동대학원 수료

현 | 해커스 공인중개사학원 부동산공법 대표강사
해커스 공인중개사 부동산공법 동영상강의 대표강사

전 | EBS 명품직업 공인중개사 부동산공법 전임강사

저서

부동산공법(기본서), 해커스패스, 2021~2025
부동산공법(체계도), 해커스패스, 2021~2024
부동산공법(한손노트), 해커스패스, 2023~2024
부동산공법(핵심요약집), 해커스패스, 2024
부동산공법(출제예상문제집), 해커스패스, 2021~2024
공인중개사 2차(기초입문서), 해커스패스, 2021~2025
공인중개사 2차(단원별 기출문제집), 해커스패스, 2021~2024
공인중개사 2차(회차별 기출문제집), 해커스패스, 2022~2024
공인중개사 2차(핵심요약집), 해커스패스, 2021~2023
공인중개사 2차(실전모의고사), 해커스패스, 2024

공인중개사 시험 전문,
해커스 공인중개사 land.Hackers.com

해커스 공인중개사

• 해커스 공인중개사학원 및 인터넷강의
• 해커스 공인중개사 온라인 전국 실전모의고사
• 해커스 공인중개사 무료 학습자료 및 필수 합격정보 제공

해커스 공인중개사

한눈에 보는 **공법체계도**

 **2차** 부동산공법

개정6판 1쇄 발행 2024년 12월 6일

지은이	한종민, 해커스 공인중개사시험 연구소 공편저
펴낸곳	해커스패스
펴낸이	해커스 공인중개사 출판팀

주소	서울시 강남구 강남대로 428 해커스 공인중개사
고객센터	1588-2332
교재 관련 문의	land@pass.com
	해커스 공인중개사 사이트(land.Hackers.com) 1:1 무료상담
	카카오톡 플러스 친구 [해커스 공인중개사]
학원 강의 및 동영상강의	land.Hackers.com

ISBN	979-11-7244-485-3 (13360)
Serial Number	06-01-01

다른 곳에서 불합격해도 해커스에선 합격,
시간 낭비하기 싫으면 해커스!

제 친구는 타사에서 공부를 했는데, 떨어졌어요. 친구가 '내 선택이 잘못 됐었나?' 이런 얘기를 하더라고요. 그래서 제가 '그러게 내가 말했잖아, 해커스가 더 좋다고.'라고 얘기했죠. 해커스의 모든 과정을 거치고 합격을 해보니까 알겠어요. **어디 내놔도 손색없는 1등 해커스 스타교수님들과 해커스 커리큘럼으로 합격할 수 있었습니다.**

해커스 합격생 은*주 님

아는 언니가 타학원 OOO에서 공부했는데 1, 2차 다 불합격했고, **해커스를 선택한 저만 합격했습니다.** 타학원은 적중률이 낮아서 불합격했다는데, 어쩜 해커스 교수님이 낸 모의고사에서 뽑아낸 것처럼 시험이 나왔는지, 정말 감사드립니다. 해커스를 선택한게 제일 잘한 일이에요.

해커스 합격생 임*연 님

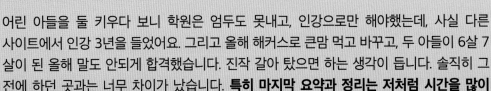

타사에서 3년 재수.. 해커스에서 해내다.. ^^

어린 아들을 둘 키우다 보니 학원은 엄두도 못내고, 인강으로만 해야했는데, 사실 다른 사이트에서 인강 3년을 들었어요. 그리고 올해 해커스로 큰맘 먹고 바꾸고, 두 아들이 6살 7살이 된 올해 말도 안되게 합격했습니다. 진작 갈아 탔으면 하는 생각이 듭니다. 솔직히 그 전에 하던 곳과는 너무 차이가 났습니다. **특히 마지막 요약과 정리는 저처럼 시간을 많이 못내는 사람들에게는 최고입니다.**

해커스 합격생 김*정 님

타사에서 재수하고 해커스에서 합격!

저는 타사에서 공부했던 수험생 입니다. 열심히 했지만 작년 시험에서 떨어졌습니다. 실제 시험에서 출제되었던 모든 문제의 난이도와 유형이 그 타사 문제집의 난이도와는 상상할 수 없이 달랐습니다. 저는 교재 수정도 잘 안되고 난잡했던 타사 **평생회원반을 버리고 해커스로 옮겨보기로 결심했습니다.** 해커스 학원에서 강의와 꾸준한 복습으로 6주, 정확하게는 올해 3개월 공부해서 2차 합격했습니다. 이는 모두 해커스 공인중개사 교수님들의 혼신을 다하신 강의의 질이 너무 좋았다고 밖에 평가되지 않습니다. 저의 이번 성공을 많은 분들이 함께 아시고 저처럼 헤매지 마시고 빠르게 공인중개사가 되는 길을 찾으셨으면 좋겠습니다.

해커스 합격생 이*환 님

해커스 공인중개사

공인중개사 1위 해커스
한경비즈니스 2024 한국브랜드만족지수 교육(온·오프라인 공인중개사 학원) 1위

1588-2332

land.Hackers.com

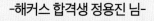
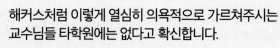
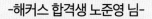